# Liderança e gestão de pessoas
## em ambientes competitivos

Central de Qualidade — FGV Management
ouvidoria@fgv.br

SÉRIE GESTÃO ESTRATÉGICA E ECONÔMICA DE NEGÓCIOS

# Liderança e gestão de pessoas
## em ambientes competitivos

Helena Correa Tonet
Francisco Rage Bittencourt
Maria Eugênia Belczak Costa
Viviane Narducci Ferraz

Copyright © 2012 Helena Correa Tonet, Francisco Rage Bittencourt, Maria Eugênia Belczak Costa, Viviane Narducci Ferraz.

Direitos desta edição reservados à
EDITORA FGV
Rua Jornalista Orlando Dantas, 37
22231-010 — Rio de Janeiro, RJ — Brasil
Tels.: 0800-021-7777 — (21) 3799-4427
Fax: (21) 3799-4430
editora@fgv.br — pedidoseditora@fgv.br
www.fgv.br/editora

Impresso no Brasil / *Printed in Brazil*

Todos os direitos reservados. A reprodução não autorizada desta publicação, no todo ou em parte, constitui violação do copyright (Lei nº 9.610/98).

*Os conceitos emitidos neste livro são de inteira responsabilidade dos autores.*

1ª edição — 2012; 1ª reimpressão — 2013; 2ª reimpressão — 2014; 3ª reimpressão — 2015.

Revisão de originais: Sandra Frank

Editoração eletrônica: FA Editoração

Revisão: Fernanda Villa Nova de Mello e Maria Beatriz Branquinho

Capa: aspecto:design

Ilustração de capa: André Bethlem

> Tonet, Helena Correa.
> Liderança e gestão de pessoas em ambientes competitivos / Helena Correa Tonet...[et al.]. — Rio de Janeiro : Editora FGV, 2012
> 164 p. — (Gestão estratégica e econômica de negócios (FGV Management))
>
> Em colaboração com: Francisco Rage Bittencourt, Maria Eugênia Belczak Costa, Viviane, Narducci Ferraz..
> Publicações FGV Management.
> Inclui bibliografia.
> ISBN: 978-85-225-0991-1
>
> 1. Administração de pessoal. 2. Liderança. 3. Clima organizacional. 4. Grupos de trabalho. I. Bittencourt, Francisco Rage. II. Costa, Maria Eugênia Belczak. III. Ferraz, Viviane Narducci. IV. FGV Management. V. Fundação Getulio Vargas. VI. Título. VII. Série. Management. V. Fundação Getulio Vargas. VI. Título. VII. Série.
>
> CDD — 658.3

*Aos nossos alunos e aos nossos colegas docentes, que nos levam a pensar e repensar nossas práticas.*

# Sumário

Apresentação 11

Introdução 15

1 | **Liderança e gestão de pessoas em ambientes competitivos** 21
   Ambiente contemporâneo de negócios 21
   Modelo do ambiente competitivo de negócios 24
   Importância da liderança em ambientes competitivos 33
   A gestão de pessoas em ambientes competitivos 36
   Qualidade de vida e sofrimento no trabalho em empresas competitivas 40

2 | **Desenvolvimento da liderança** 49
   Definindo liderança 49
   Principais abordagens teóricas 51
   A liderança e a cultura 58

Competências requeridas dos líderes
contemporâneos  60
Empowerment: conceitos e objetivos  67
Delegação: conceito e relevância  69

3 | **Fundamentos básicos do desenvolvimento de equipes em ambientes competitivos**  75

O valor do trabalho em equipe  75
Grupo e equipe  80
Comportamento nas equipes de trabalho  89
Equipes de alto desempenho  90
Vivências para o desenvolvimento da equipe  95
Critérios de escolha das técnicas a serem utilizadas na organização  96
A ética como valor frente às equipes de trabalho e à competição  98

4 | **Ferramentas da gestão de pessoas em ambientes competitivos**  101

Significado do termo ferramenta  101
A gestão de pessoas  103
Identificação e seleção de pessoas  105
Remuneração e benefícios  106
Gestão de carreiras  109
Treinamento e desenvolvimento  113
Avaliação do desempenho  115
Pipeline de desempenho de liderança  119
Comunicação interna e endomarketing  123

Negociação e administração de conflitos como recurso
para alavancar resultados no trabalho   130

Redes de relacionamento nas empresas   134

**Conclusão**   143

**Referências**   147

**Os autores**   161

# Apresentação

Este livro compõe as Publicações FGV Management, programa de educação continuada da Fundação Getulio Vargas (FGV).

A FGV é uma instituição de direito privado, com mais de meio século de existência, gerando conhecimento por meio da pesquisa, transmitindo informações e formando habilidades por meio da educação, prestando assistência técnica às organizações e contribuindo para um Brasil sustentável e competitivo no cenário internacional.

A estrutura acadêmica da FGV é composta por nove escolas e institutos, a saber: Escola Brasileira de Administração Pública e de Empresas (Ebape), dirigida pelo professor Flavio Carvalho de Vasconcelos; Escola de Administração de Empresas de São Paulo (Eaesp), dirigida pela professora Maria Tereza Leme Fleury; Escola de Pós-Graduação em Economia (EPGE), dirigida pelo professor Rubens Penha Cysne; Centro de Pesquisa e Documentação de História Contemporânea do Brasil (Cpdoc), dirigido pelo professor Celso Castro; Escola de Direito de São Paulo (Direito GV), dirigida pelo professor Oscar Vilhena Vieira;

Escola de Direito do Rio de Janeiro (Direito Rio), dirigida pelo professor Joaquim Falcão; Escola de Economia de São Paulo (Eesp), dirigida pelo professor Yoshiaki Nakano; Instituto Brasileiro de Economia (Ibre), dirigido pelo professor Luiz Guilherme Schymura de Oliveira; e Escola de Matemática Aplicada (EMAp), dirigida pela professora Maria Izabel Tavares Gramacho. São diversas unidades com a marca FGV, trabalhando com a mesma filosofia: gerar e disseminar o conhecimento pelo país.

Dentro de suas áreas específicas de conhecimento, cada escola é responsável pela criação e elaboração dos cursos oferecidos pelo Instituto de Desenvolvimento Educacional (IDE), criado em 2003, com o objetivo de coordenar e gerenciar uma rede de distribuição única para os produtos e serviços educacionais produzidos pela FGV por meio de suas escolas. Dirigido pelo professor Clovis de Faro e contando com a direção acadêmica do professor Carlos Osmar Bertero, o IDE engloba o programa FGV Management e sua rede conveniada, distribuída em todo o país (ver www.fgv.br/fgvmanagement), o programa de ensino a distância FGV Online (ver www.fgv.br/fgvonline), a Central de Qualidade e Inteligência de Negócios e o programa de cursos In Company. Por meio de seus programas, o IDE desenvolve soluções em educação presencial e a distância e em treinamento corporativo customizado, prestando apoio efetivo à rede FGV, de acordo com os padrões de excelência da FGV.

Este livro representa mais um esforço da FGV em socializar seu aprendizado e suas conquistas. Ele é escrito por professores do FGV Management, profissionais de reconhecida competência acadêmica e prática, o que torna possível atender às demandas do mercado, tendo como suporte sólida fundamentação teórica.

A FGV espera, com mais essa iniciativa, oferecer a estudantes, gestores, técnicos e a todos aqueles que têm internalizado o conceito de educação continuada, tão relevante na era do conhecimento na qual se vive, insumos que, agregados às suas práticas, possam contribuir para sua especialização, atualização e aperfeiçoamento.

*Clovis de Faro*
Diretor do Instituto de Desenvolvimento Educacional

*Ricardo Spinelli de Carvalho*
Diretor Executivo do FGV Management

*Sylvia Constant Vergara*
Coordenadora das Publicações FGV Management

# Introdução

As últimas décadas foram marcadas por rupturas e mudanças cada vez mais intensas e frequentes, que afetaram as organizações, sua administração e seu comportamento. Progressivamente as organizações se deparam com mercados esgotados e buscam um diferencial diante de clientes mais conscientes e, consequentemente, mais exigentes. Em uma época em que as pessoas dispõem da informação em tempo real, são mais bem-sucedidas as organizações capazes de absorver a informação e transformá-la rapidamente em uma oportunidade de novo produto ou serviço, antes que outras o façam. Nesse novo cenário, o capital financeiro deixou de ser o recurso mais importante e cedeu lugar ao conhecimento. Saber como usar e aplicar o dinheiro de forma rentável certamente é hoje mais importante do que sua posse. Aproveitar as oportunidades que possam surgir em meio a uma turbulência é mais proveitoso do que blindar a organização para que não sofra com as crises.

    Assim, parece-nos natural que organizações atuantes no presente contexto, que almejem não apenas conquistar, mas também manter e ampliar seu diferencial competitivo, estejam atentas aos desafios que ora se apresentam, como a globalização, que diluiu as fronteiras geográficas e transformou o território dos negócios em um cenário de areia movediça, tal a constância e a magnitude das mudanças que o caracterizam. Um agravante percebido é que, muito embora estudiosos repitam que o mundo se tornou uma aldeia global, cada parte dessa aldeia possui crenças, valores e leis que precisam ser respeitadas. Isso leva a concluir que a globalização exige das organizações e de suas lideranças a capacidade de adequação.

Outro desafio é a atração e fidelização dos clientes, uma preocupação cada vez mais presente nas organizações, que buscam aumentar o grau de intimidade com cliente na tentativa de conhecer suas necessidades e aspirações, procurando interpretá-las e compreendê-las. Nessa linha, encontram na inovação contínua e sistemática e no uso intensivo do conhecimento os caminhos não só para satisfazer e superar as demandas dos clientes, mas também para assegurar a competitividade frente aos concorrentes e a sustentabilidade dos negócios.

A observação do que ocorre no mundo contemporâneo deixa claro que em muitas situações ainda persiste a visão da organização como máquina processadora de informação e a consequente conclusão de que apenas o conhecimento que possa gerar resultados concretos é considerado válido. Bem sabemos, entretanto, que existem formas diferentes de ver o conhecimento e de entender seu papel nas organizações. As práticas de gestão do conhecimento já em uso em muitas organizações permitem afirmar que nem todo conhecimento resulta do processamento de informações claras e objetivas; pelo contrário, a construção do conhecimento é feita também a partir de insights silenciosos, que muitas vezes chamamos de sexto sentido. A organização dá mostras da sua capacidade de adequação quando consegue trazer à tona esses palpites individuais, sistematizá-los e compartilhá-los com toda a sua estrutura.

Não menor que os anteriores, o desafio de criar e manter plenamente ativo um corpo de pessoas que consigam e queiram garantir conquistas para suas organizações é também uma preocupação. Sabemos que para gerir pessoas é preciso, em primeiro lugar, reconhecer toda a subjetividade que, combinada com objetividade, permeia seus pensamentos, condutas e ações.

Por isso, ao falarmos de pessoas nas organizações – seus clientes internos –, não podemos deixar de lado as inúmeras discussões que estão ocorrendo, tanto no meio acadêmico quanto no meio executivo, a respeito da gestão de pessoas.

A orquestração desse cenário corporativo é feita pelas lideranças.

As muitas abordagens concebidas ao longo do tempo e das transformações que caracterizam o mundo organizacional permitem concluir que a liderança é, acima de tudo, uma relação entre líder e seguidor, um processo de influência em duplo sentido, voltado para o atendimento de expectativas mútuas e cumprimento de objetivos. Assim colocado, fica evidente que a liderança depende tanto do líder quanto dos liderados, e se caracteriza como um projeto compartilhado, que reúne erros e acertos, aspirações e realizações de ambos.

Daí a grande importância da gestão de pessoas. Bons líderes pouco ou nada poderão fazer se não contarem com funcionários que captem a visão que eles possuem e consigam olhar na mesma direção, buscando os objetivos organizacionais que deverão ser alcançados. Isso dilui a importância de algumas práticas que, durante anos, foram consideradas relevantes para alavancar resultados organizacionais, como o controle, por exemplo. Tal mudança não significa que o controle deva ser abolido, ou que não tenha mais valor. O que estamos dizendo é que o cenário hoje é outro, e que a liderança obterá melhores resultados se tratar os indivíduos e equipes como aliados, confiando neles e se mostrando confiável, considerando-os em sua totalidade: o que fazem e o que sentem.

O capítulo 1 deste livro aborda o desafio de liderar organizações em ambientes onde se processam mudanças rápidas e contínuas, caracterizado por uma permanente demanda por inovações, onde a gestão do conhecimento e a adoção de procedimentos favorecem ações individuais e coletivas ou comunitárias, próprias das redes sociais. Para facilitar a apreensão do contexto complexo em que as organizações realizam seus negócios, é descrito o modelo constituído por quatro variáveis – mudanças rápidas, demanda de inovação, uso intensivo de conhecimento e gestão em rede – agrupadas em torno de um eixo representativo da gestão de pessoas e tendo como suporte a liderança.

Ainda nesse capítulo é introduzida a abordagem da gestão de pessoas em ambientes competitivos, com ênfase na qualidade de vida e no bem-estar no trabalho, que nas organizações contemporâneas são preocupações centrais no estabelecimento de políticas de gestão de pessoas. Uma questão levantada é se o trabalho de líderes e executivos está mais próximo do sofrimento ou da vida com qualidade.

O capítulo 2 focaliza essencialmente o tema da liderança, percorrendo princípios e pressupostos das principais teorias sobre o assunto e fazendo refletir sobre temas como a relação entre liderança e cultura, a origem e as razões da abordagem das competências. Menciona também algumas competências exigidas do líder, entre elas a flexibilidade para mudar, o empreendedorismo para identificar oportunidades e a capacidade de obter recursos para criar e desenvolver negócios. Aborda, ainda, as questões do *empowerment* e da delegação de tarefas.

O capítulo 3 aborda os fundamentos essenciais ao trabalho em equipe. Desde envolvimento, interação, comprometimento e integração à evolução árdua de grupo para equipes de trabalho, tratando também das equipes de alto desempenho e trazendo para a discussão o tema das equipes transculturais, as questões da ética e da confiança, entre outras.

O quarto capítulo aborda ferramentas da gestão de pessoas em ambientes competitivos. Inicia clarificando o entendimento do termo ferramenta, para em seguida focalizar a identificação e seleção como ação crítica para garantir os perfis profissionais de que as organizações precisam. Descreve outras ferramentas, como remuneração e benefícios, gestão de carreiras, treinamento e desenvolvimento e avaliação do desempenho. Coloca em destaque o *pipeline* do desempenho de liderança, que é uma estrutura de formação e desenvolvimento de líderes. Devido à relevância do suporte que oferecem às demais ferramentas de gestão de pessoas, o capítulo apresenta, como ferramentas, a comunicação interna, o endomarketing e as metodologias de negociação e administração de conflitos.

# 1

# Liderança e gestão de pessoas em ambientes competitivos

Neste capítulo será feita a contextualização do tema do livro. É apresentado um modelo concebido para descrever o ambiente competitivo de negócios, e destacada a importância da liderança nesses ambientes, buscando-se mostrar que essa competência não se limita às posições de direção, devendo estar disseminada na organização como um todo. Considerado o contexto em estudo, qualidade de vida e sofrimento no trabalho tornam-se elementos-chave em situações que exigem desempenhos diferenciados e altamente produtivos, em particular dos líderes, razão pela qual o tema também é tratado no capítulo.

## Ambiente contemporâneo de negócios

O ambiente atual dos negócios tem sido marcado pelo fenômeno da globalização, que pode ser descrito como um processo inexorável que atinge todos os mercados produtivos e de consumo, provocando mudanças em valores e crenças, forçando alterações de comportamentos profissionais, interferindo profundamente nos modelos e práticas de gestão, ameaçando a sustentabilidade de muitas empresas. Contudo, cria oportunidades para aquelas que se mostram proativas e capazes de se destacar das demais.

Caracterizado pela ausência de fronteiras, o mercado globalizado impõe exigências e dita parâmetros a todas as organizações, sejam privadas ou públicas, globais ou não. A algumas porque, ao enfrentarem a concorrência de congêneres também globais, precisam se destacar para se manter competitivas e garantir faixas de mercado, a outras porque sofrem os reflexos da atuação das empresas globais, geralmente mais eficazes, produtivas e de melhor imagem e aceitação por seus públicos (Ohmae, 2006).

Para conseguir bons índices de resultados, as organizações contemporâneas são forçadas a rever continuamente seus processos de trabalho, atualizar a tecnologia que usam, apresentar flexibilidade e aprender sempre com os próprios erros e acertos e com os dos outros. Entre as condições para uma atuação empresarial competitiva, destacamos: padrões elevados de produtividade, custos e preços compatíveis com o que fazem, criação de valor, multifuncionalidade e formação de redes de relacionamentos.

No contexto competitivo em que estão inseridas, as empresas precisam gerenciar antagonismos, ser globais e locais, centralizadas em alguns aspectos e descentralizadas em outros, pequenas em algumas dimensões e grandes em outras. De seus funcionários é esperado que sejam autônomos e que, ao mesmo tempo, estejam integrados a uma equipe (Senge e colaboradores, 2009).

Esse contexto tem imposto exigências, como flexibilidade, trabalho em equipe e cooperação entre as pessoas, o que altera e confere relevância ao papel do líder, fazendo emergir a necessidade de aprofundar o conhecimento da liderança como relacionamento e troca entre líder e seguidores, em diferentes planos: social, simbólico e cultural.

Em decorrência da posição que ocupam ou de respostas que oferecem às expectativas de outros, alguns indivíduos exercem influência e emergem como líderes. Vista dessa maneira, a liderança pode ser interpretada como uma forma de ordenar os significados que as pessoas dão àquilo que estão fazendo. Mintzberg (2010:22) diz que "seria muito desanimador" ser gerenciado por alguém que não lidera. Smircich e Morgan (1982) entendem que, quando em grupo, os indivíduos atribuem influência àqueles que conseguem estruturar de maneira significativa a experiência por eles vivenciada.

Assim exposto, os líderes que atuam em organizações empresariais ou públicas precisam, de um lado, ser capazes de modelar o comportamento dos liderados, criando estímulos que os inspirem a realizar os objetivos organizacionais e, de outro, estabelecer controles eficazes que rapidamente os coloquem a par do que ocorre a sua volta e lhes dê segurança para prestar contas da gestão que realizam, tanto a *stakeholders* quanto à sociedade de uma forma geral.

Deverão, ainda, dar autonomia e poder aos empregados, buscando formar uma rede de líderes naturais, posicionados na estrutura organizacional inteira. Na maior parte das vezes não saberão o suficiente para decidir ou dizer o que as pessoas deverão fazer.

Precisarão envolver efetivamente os outros e obter participação, pois as tarefas serão muito complexas e as informações distribuídas de forma muito ampla para que os líderes resolvam sozinhos os problemas [Goldsmith & Hesselbein, 2010:230].

O tópico a seguir apresenta um modelo descritivo do ambiente competitivo de negócios.

## Modelo do ambiente competitivo de negócios

Para descrever o ambiente de negócios do qual estamos falando, concebemos um modelo caracterizado por quatro variáveis: mudanças rápidas e contínuas, demanda de inovação, uso intensivo de conhecimento e gestão em rede, integrantes de um processo que tem como eixo central a gestão de pessoas e como moldura a liderança. A figura 1 ilustra a dinâmica contínua desse processo.

Figura 1
MODELO DESCRITIVO DO AMBIENTE COMPETITIVO DE NEGÓCIOS

A primeira variável, mudanças rápidas e contínuas, é inerente ao cenário das organizações contemporâneas, podendo ser definida como "qualquer transformação de natureza estrutural, estratégica, cultural, tecnológica, humana ou de qualquer outro componente, capaz de gerar impacto em partes ou no conjunto da organização" (Wood Jr., 2000:212). Essa variável impõe que o líder se mantenha atualizado, em sintonia com o ambiente interno e externo, em um estado de escuta permanente.

Segundo Higgins (1995), inovação – a segunda variável – é o processo de criar algo novo com um valor significativo para indivíduos, grupos, organizações, sociedade. A criação é uma manifestação humana, um produto da inteligência, do conhecimento ou do comprometimento da pessoa. O termo inovação refere-se ao processo por meio do qual uma nova ideia, um objeto ou uma prática são criados, desenvolvidos ou reinventados (Rogers, 1995). Pode ser técnica ou administrativa. A inovação técnica refere-se a produtos ou serviços; a administrativa é pertinente a processos e operações de gestão e de produção (Damanpour, 1991). Não existe inovação sem a participação de pessoas. Essa variável demanda flexibilidade, tolerância ao erro de aprendizagem e abandono do olhar acostumado.

O uso intensivo de conhecimento – a terceira variável – já é uma realidade inquestionável no mundo dos negócios. Segundo Earl (2001), a gestão do conhecimento é básica para o processo decisório, a inovação, o desenvolvimento e para a adaptação e renovação da organização frente às pressões ambientais que encontra. A aprendizagem individual e organizacional, que sustenta o processo de renovação, "é a base da capacidade de se adaptar às circunstâncias em constante mudança e de dominá-las; essa capacidade é, portanto, a base da estratégia eficaz" (Kolb apud Starkey, 1997:312).

A estruturação em rede – quarta variável do modelo – já se mostrou adequada em situações que exigem especificidade, flexibilidade e prontidão, condições cada vez mais exigidas no contexto globalizado dos negócios. No capítulo 4 deste livro, o assunto "rede" será abordado de forma mais detalhada. A estruturação em rede exige capacidade de se relacionar, de compartilhar conhecimento e de pensar em rede coletivamente, de se desapegar da propriedade intelectual.

## Gestão integrada das variáveis norteadoras do modelo

A gestão de organizações assim descritas – vulneráveis a mudanças rápidas e contínuas, tendo que atender a demandas de inovação, fazendo uso intensivo de conhecimento e adotando práticas de gestão em rede – supõe a presença de lideranças de grande expertise e a adoção de práticas de gestão de pessoas capazes de alavancar desempenhos altamente engajados e produtivos.

### Variável 1 – mudanças rápidas e contínuas

O mundo em mudança exige que os líderes atualizem constantemente suas competências e que se mantenham sintonizados com o momento em que vivem. Líderes não nascem nem são comprados prontos; são formados no dia a dia da empresa, estampam sua marca. E também sabem que sozinhos não conseguirão fazer muito, motivo pelo qual investem nas pessoas com quem trabalham, formam outros líderes, quer em áreas técnicas ou de gestão. Sabem que são as pessoas que possuem o conhecimento para alavancar os negócios e produzir resultados, e criam as condições necessárias para formar e desenvolver competências individuais e coletivas.

A velocidade e a incerteza das mudanças no atual mundo dos negócios são tais que chegam a impedir que as organizações congelem, ainda que momentaneamente. Esse fato coloca por terra toda uma prática fundamentada em abordagens tradicionais de gestão, que buscavam criar oásis de estabilidade em meio às mudanças. A questão hoje é aprender a viver em mudança em vez de apenas conviver com a mudança.

É prudente lembrar, entretanto, que essa "pressa" tem provocado medidas pontuais nem sempre eficazes e muitas vezes precipitadas, levando a perder de vista o caráter sistêmico da organização. São exemplos os planos de incentivo ao desligamento voluntário (PDV), quando não consideram as prioridades da empresa. São muitos os casos de organizações que, pela precipitação, usando apenas o olhar da economia ou da redução de custos, perderam pessoas estratégicas e, com elas, muito conhecimento valioso acumulado com a experiência dos profissionais que se desligaram (Tonet, 2005; Muñoz-Seca & Riverola, 2004).

## Variável 2 – demandas de inovação

Outra característica desse contexto é a demanda por inovação, sobre a qual já falamos ao descrever o modelo adotado para nortear a nossa reflexão. As organizações vivem pressionadas a introduzir inovações em seus produtos e serviços, sendo essa uma prática que contribui para a fidelização de clientes. Empresas inovadoras encontram melhores condições e argumentos para reter clientes e se distinguir frente à concorrência. Organizações públicas, por sua vez, apresentam preocupação com resultados e prestação de contas para assegurar sua credibilidade e confiabilidade frente à sociedade e aperfeiçoar a gestão pública (Martins & Marini, 2010). Segundo Toldo, Gonçalves Neto e Rodrigues (2007), a inclusão formal da inovação nos modelos gerenciais reflete sua crescente importância como diferencial competitivo para as organizações públicas e privadas.

Schumpeter (1982) desenvolveu a ideia de que o desenvolvimento econômico é conduzido pela inovação. Assim, o desenvolvimento resulta de um processo dinâmico em que as novas tecnologias substituem as antigas, dentro de um processo de destruição criadora. Inovações radicais provocariam rupturas mais intensas e inovações incrementais dariam continuidade à mudança. Para o autor, existem cinco tipos de inovação: introdução de novos produtos; introdução de novos métodos de produção; abertura de novos mercados; desenvolvimento de novas fontes provedoras de matérias-primas e outros insumos; criação de novas estruturas de mercado em uma indústria.

Na literatura específica há consenso de que a inovação tem importante papel estratégico na construção de condições para a melhoria da produtividade e competitividade das empresas. A competitividade da empresa está atrelada à inovação, que deve ser uma constante, pois os competidores sempre acabarão por ultrapassar os resultados de qualquer empresa que deixe de inovar continuamente em seus processos de trabalho, produtos e serviços oferecidos (Von Krogh, Ichijo & Nonaka, 2001). uma das principais estratégias para obter resultados e garantir sustentabilidade nos negócios. Terra (2007) alerta para o fato de que quanto mais conhecimento uma pessoa possui, mais difícil é enxergar possibilidades fora de sua maneira de ver e de fazer negócios, pois tende a ficar presa em suas suposições.

Ambientes que estimulam a criação e o compartilhamento de conhecimento são mais propícios à inovação. Bemvenutti (2002) destaca que o insumo de maior importância numa empresa são as ideias, existindo formas de estimular a inovação nas organizações.

Variável 3 – uso intensivo de conhecimento

A terceira variável que deve ser considerada na análise dos ambientes altamente competitivos é justamente o uso de conhecimento. O conhecimento novo nasce no indivíduo, que é a unidade primordial para as empresas que desejam ser inovadoras. Ainda que as empresas possuam a mais avançada tecnologia, não poderão prescindir das pessoas se o objetivo for criar conhecimento. A ideia da organização como máquina processadora de informações sempre esteve arraigada nas práticas tradicionais de administração. Nonaka e Takeuchi (2008) argumentam que as organizações precisam ultrapassar essa concepção, assumindo a criação de conhecimento como uma prática organizacional cotidiana, sem o que terão dificuldades para sobreviver na sociedade do conhecimento.

Conforme Fresneda (s.d.), a produção de conhecimento é um processo humano. O conhecimento novo é gerado por indivíduos, que, por meio do compartilhamento de conhecimento, podem gerar conhecimento organizacional. Portanto, a organização deve ter processos para identificar, coletar, sistematizar, organizar, estruturar e disponibilizar o conhecimento existente e facilitar a criação de novos conhecimentos.

O contexto contemporâneo faz com que grande parte das organizações dependa da gestão do conhecimento para se manter viva e competitiva em seu mercado de atuação, significando que as lideranças precisam ser sensíveis a essa condição vital (Probst, Raub & Romhardt, 2002).

A literatura sobre negócios enfatiza a importância do conhecimento como recurso organizacional estratégico. A prática cotidiana, por sua vez, mostra evidências crescentes de que as organizações estão adotando procedimentos visando ao gerenciamento do conhecimento (Tonet, 2005). Pesquisa realizada entre 1999 e 2000 com empresas brasileiras e americanas mostrou que 81% dos respondentes brasileiros e 92% dos americanos diziam que a gestão do conhecimento era importante para o futuro dos negócios de suas empresas, e que 49% das empresas brasileiras pesquisadas e 83% das americanas já possuíam ou estavam implantando projetos para gerenciar o conhecimento (Damiani, 2001).

A fonte do conhecimento são as pessoas. Para que aprendam e possam gerar o conhecimento de que a empresa precisa, seus líderes devem apoiar os indivíduos e proporcionar contextos apropriados tanto à aprendizagem como à criação e disseminação do conhecimento. Os problemas associados a formas pobres de liderança resultam em perda e mau uso do conhecimento disponível na organização (Politis, 2002).

A metáfora da escada é apropriada para descrever os diferentes níveis do processo de aprendizagem individual e organizacional. Segundo Flores (apud Hidalgo, 2009), há sete níveis distintos na escada da aprendizagem:

❏ nível 1, que o autor denomina "elefante em uma cristaleira", caracterizando a situação em que o próprio não saber é desconhecido;
❏ nível 2, pretensioso, em que existe a crença de saber algo, embora isso não seja verdade;
❏ nível 3, aprendiz, em que já ocorre distinção entre a aprendizagem e a não aprendizagem, entre o saber e o não saber, levando à busca efetiva do aprender;
❏ nível 4, aprendizagem avançada, em que mesmo havendo o saber, ele ainda é insuficiente. Existe a demanda por maior aprendizagem e reconhecimento dos limites impostos pela ausência do saber, ainda que parcial;
❏ nível 5, competente, em que a aprendizagem permite domínio das variáveis necessárias para produzir bons resultados;
❏ nível 6, virtuoso, em que a aprendizagem obtida leva a resultados excelentes e à produção de referências para outros; e
❏ nível 7, mestre, em que a aprendizagem já existente permite a alteração e elevação dos padrões da prática.

**Reflexão**: Na sua empresa a gestão da aprendizagem e do conhecimento ocupa espaço na agenda estratégica ou no planejamento estratégico?

Variável 4 - gestão em rede

Segundo Stewart (1998), a gestão em rede possibilita articular saberes e habilidades dispersos em um ou mais atores, de forma a usá-los na construção de um objetivo ou na solução de um problema. É uma estratégia de gestão que estimula a iniciativa, a flexibilidade, a participação e a conectividade entre pessoas e organizações.

A teia de relações decorrentes de uma rede formada em torno de objetivos fortemente compartilhados e articulada de maneira a utilizar o conhecimento e a experiência de cada um de seus integrantes amplia o campo de ação das empresas, gerando oportunidades e aumentando seu potencial competitivo (Ayres, 2001). Esse entendimento é reforçado por Olivieri (2003:1), quando afirma que:

> Redes são sistemas organizacionais capazes de reunir indivíduos e instituições, de forma democrática e participativa, em torno de causas afins. Estruturas flexíveis estabelecidas horizontalmente, as dinâmicas de trabalho das redes supõem atuações colaborativas e se sustentam pela vontade e afinidade de seus integrantes, caracterizando-se como um significativo recurso organizacional para a estruturação social.

As redes ganharam a dimensão atual em decorrência da globalização; das exigências de maior flexibilidade administrativa; do crescimento da demanda por transparência, comunicação aberta e liberdade individual; e do avanço da computação e das telecomunicações. Para Castells (2007), rede é um conjunto de nós interconectados que refletem, de certa forma, as ligações entre os sujeitos sociais, tanto pessoas como organizações.

A participação em rede supõe horizontalidade – conceitualmente não existem níveis hierárquicos nem de subordinação entre as pessoas ou as organizações que formam uma rede. Todos os integrantes ligam-se horizontalmente aos demais, diretamente ou por meio dos que os cercam. Não supõe uma chefia, embora destaque e valorize as lideranças que assumem viabilizar objetivos em decorrência dos atributos e condições que possuem para isso.

Assim, integrar uma rede organizacional envolve competências específicas exigidas dos seus integrantes, além da posse de informações úteis aos propósitos da rede. Entre elas estão a capacidade de construir coletivamente soluções, compartilhar propósitos e valores, alterar modelos mentais, agir com flexibilidade e priorizar o interesse coletivo. Envolve também a confiança, entendida como a crença de que os resultados das ações intencionais de alguém serão convergentes ou adequados do ponto de vista daquele que possui a crença (Minsztal, 1998).

Segundo Fresneda (s.d.), a confiança necessária para gerar compartilhamento de conhecimento surge como resultado da confiança em quatro fatores: nas boas intenções e preocupação com trocas pelos parceiros; na competência e na capacidade dos envolvidos no compartilhamento de conhecimento; na confiabilidade que evidenciam; e na abertura que demonstram para compartilhar conhecimento. Para o autor, confiança e cooperação fazem parte de uma interação de mão dupla, o que evidencia fazendo referência a Nahapiet e Goshal, autores que associam a cooperação à confiança e vice-versa (Nahapiet & Goshal apud Fresneda, s.d.). No capítulo 3 o tema "confiança" será mais abordado. E a gestão de redes é vista de forma mais abrangente no capítulo 4.

## A importância do modelo

A estrutura do modelo descrito é uma resposta para inúmeros desafios trazidos pela globalização e pelo avanço do conhecimento. É um formato que permite tanto melhorar os resultados e reduzir os riscos das empresas quanto atender melhor à diversidade de demandas que frequentemente ocorrem nos ambientes empresariais altamente competitivos.

**Reflexão:** Considerando as quatro variáveis do modelo apresentado, quais precisam de investimento em sua organização?

No item que segue vamos apresentar argumentos que evidenciam a importância da liderança em ambientes competitivos.

## Importância da liderança em ambientes competitivos

A liderança sempre foi apresentada na literatura como uma força capaz de impulsionar as empresas para concretização de seus objetivos e a obtenção de resultados. Segundo Cohen (2010:305), o líder é "responsável por tudo o que a sua organização e seus membros fazem ou deixam de fazer". Os liderados poderão ser responsáveis perante ele, mas é o líder que, em última instância, responde pelos resultados da empresa.

Essa afirmação traz à tona o tema da amplitude da responsabilidade do líder e de suas dificuldades. Como poderá alguém responder pelo desempenho de toda uma equipe? Na verdade, ao explicar o sentido de suas palavras, o autor deixa claro que ao líder cabe ser uma presença viva na organização, de tal forma que todos se sintam seguros e confiantes porque ele está por perto. Mesmo nas equipes com maior autonomia, em que as pessoas definem sua própria atuação, é necessário que a marca da liderança esteja presente, como referência e estímulo aos liderados.

É claro que a liderança em ambientes pouco mutáveis e pouco competitivos terá características diferentes daquela em ambientes onde a mudança é acelerada e a competição é intensa.

Cohen (2010) afirma que a essência da liderança não mudou e que o fato de as pessoas e equipes serem mais autônomas ou autodirigidas, ou então realizarem seu trabalho a quilômetros de distância do líder, não significa que este esteja relegado a praticar uma liderança descompromissada, na qual os membros da organização tomam as decisões que entendem ser as mais convenientes enquanto o líder assume o papel de apenas atribuir tarefas e monitorar resultados. Leia mais sobre o tema no capítulo 2.

Nesse novo contexto, cada vez mais as pessoas precisarão ser competentes e estar comprometidas com a empresa. Esse comprometimento ultrapassa os limites da tarefa de cada um, ou seja, a pessoa não assume responsabilidade somente pelo que faz, mas também pelos resultados de sua equipe e da própria empresa. E ao líder cabe a responsabilidade por esse processo como um todo. Veja o que é dito sobre equipes no capítulo 3.

Kennedy (2010) assume posicionamento contrário ao de Cohen (2010) no que se refere à percepção da forma de ser da liderança. Entende que

> há razões irrefutáveis para reavaliar a nossa abordagem. Os tempos mudaram. Os riscos são maiores. É claro que o cenário para a liderança também é muito diferente [...]. É tão local como o indivíduo sentado a uma mesa e tão global quanto o tempo, a distância e a tecnologia podem nos levar [Kennedy, 2010:315].

Ao elencar habilidades críticas ou competências dos líderes, tanto Cohen (2010) como Kennedy (2010) concordam que elas não são novas, mas são essenciais para que os líderes e as organizações sejam bem-sucedidos. São elas: saber desenvolver uma ideia; planejar efetivamente sua execução; executar como ninguém; atingir resultados superiores continuamente. Segundo esses autores, o que é novo e desafiador para as organizações é que essas habilidades críticas devem ser desenvolvidas em todos os empregados, para que todos sejam líderes naquilo que fazem, hábeis em trabalhar sozinhos tanto quanto adaptáveis para trabalhar em situações de colaboração que envolvem muitas dimensões (Kennedy, 2010). Veja mais no capítulo 2. Mariotti (2010:116) lembra outro desafio desse contexto – a incerteza –, que para o autor é também oportunidade de aprendizagem e mudança para indivíduos e organizações: "O risco, a incerteza e a aleatoriedade são fatores indispensáveis à geração do conhecimento, porque nos afastam da repetição e ampliam nossos horizontes mentais".

Argyris e Schön (1996) entendem que a atuação do líder resulta tanto da sua competência quanto do caráter que possui, cabendo a ele, essencialmente, formar equipes, negociar e dar feedback.

As organizações contemporâneas enfrentam uma realidade própria, a da sociedade do conhecimento, que exige dos gestores conhecimentos e habilidades distintos dos que eram exigidos no passado. Em decorrência, podemos dizer que já é perceptível uma nova geração de líderes, voltados mais para a gestão e para o uso intenso de conhecimento. Tais líderes precisam, essencialmente: compreender o relacionamento estratégico entre a aquisição do conhecimento e os processos e funções do negócio que gerenciam; dar o suporte necessário e facilitar aos empregados a aquisição e o compartilhamento do conhecimento de que precisam para o desempenho de suas atividades; liderar os esforços da empresa para aplicar conhecimento útil e atualizado; patrocinar e dar apoio às estratégias que visam à aquisição de novos conhecimentos (Politis, 2002).

## A gestão de pessoas em ambientes competitivos

Liderança e gestão de pessoas são os temas centrais deste livro. O primeiro já foi introduzido por este capítulo; trataremos agora do segundo. O fato de serem tratados juntos, embora de forma ordenada, primeiro um e depois o outro, tem como finalidade fazer transparecer que ambos assumem igual importância na gestão das organizações, sejam elas públicas ou privadas, governamentais ou empresariais. Os líderes precisam dar respostas coerentes com as demandas que recebem do mercado e do ambiente externo e isso ocorre com todas as pessoas que atuam nas organizações. O destaque que se pode fazer é que a gestão das pessoas é um reflexo do quanto os líderes conseguem perceber as características individuais e coletivas dos integrantes das equipes de trabalho e seu valor para viabilizar os resultados organizacionais.

A gestão de pessoas sempre esteve atrelada à influência dos mercados sobre as empresas. No passado, os cenários pouco competitivos quase nada demandavam das empresas, e estas, por sua vez, apenas exigiam de seus empregados que seguissem as normas estabelecidas para a produção. A evolução dos mercados e as exigências do mundo econômico trouxeram mudanças sucessivas nos cenários do trabalho e da produção. Cumprimento de prazos, qualidade inquestionável e produtividade máxima passaram a incorporar todos os processos básicos de trabalho, levando as empresas a buscarem outras formas para se distinguir entre seus concorrentes (Mascarenhas, 2008). As organizações públicas, por seu turno, mesmo sem enfrentar concorrência direta por mercados, recebem pressões crescentes da sociedade quanto à transparência, à redução de gastos, ao cumprimento de prazos, à qualidade e à produtividade, entre outros elementos, muitos dos quais eram atributos apenas da iniciativa privada.

No contexto globalizado de hoje, a posse de diferencial frente à concorrência e a oferta de valor são dois elementos-chave para as empresas se manterem sustentáveis e obterem sucesso.

Esse é o maior desafio imposto pelos ambientes altamente competitivos, instigação que é repassada, principalmente, para os líderes, diretores e gestores de primeira linha, mas também atinge todos que tenham alguma parcela de responsabilidade nos resultados, estejam em que posição estiverem na estrutura vertical ou horizontal da empresa. Daí a importância de as organizações terem líderes em todos os níveis de sua estrutura.

Essa exigência é a origem da crescente importância da gestão de pessoas, como forma de capturar os saberes, habilidades e comprometimento dos colaboradores, fidelizando os talentos humanos. Nas organizações do passado, prevalecia a estrutura piramidal, com o poder emanando do topo para a base, em um movimento *top-down*. Tinha mais poder e sabia mais sobre o negócio quem estava no topo, aspectos esses que decresciam à medida que as pessoas ocupassem posições de menor grau hierárquico. Nessa estrutura, cada indivíduo precisava saber fazer muito bem o que lhe cabia fazer, e isso bastava. O trabalho era predeterminado, fixo e dificilmente ocorriam questionamentos ou alteração de rotas.

Esse cenário mudou. Para obter espaço em mercados competitivos e viabilizar negócios rentáveis, as empresas precisaram ganhar flexibilidade em suas estruturas e, continuamente, aperfeiçoar seus processos de trabalho, apresentar rapidez na interpretação de demandas e formas de atendimento aos clientes. Precisaram inovar na obtenção de soluções e na forma de empreender e perceber as oportunidades. Para as empresas, neste novo cenário, é fundamental gerar valor para todos os seus *stakeholders* (Mascarenhas, 2008). Por definição, o termo *stakeholder* abrange indivíduos, grupos e organizações que têm interesse e podem interferir em uma empresa ou organização ou ser por ela afetados (Tapscott & Ticoll, 2005).

Assim, a estrutura piramidal já não é a única forma de dispor o poder nas organizações, nem o conhecimento de que elas precisam. Esse modelo coexiste com estruturas flexíveis, dentro de formatos os mais diversos, que podem acolher empregados temporários, terceirizados, consultoria técnica e especializada, consultorias de processo, assessoria, equipes autônomas, equipes contratadas por projeto, parcerias, alianças (Mintzberg, 2003).

Uma dificuldade é a falta de clareza conceitual sobre essas diferentes estruturas e formas de realizar o trabalho. Não é incomum que estruturas com denominações diferentes sejam responsáveis por atividades iguais, ou o inverso, sob uma mesma denominação, encontrar-se atividades diferentes. Uma constatação, porém, é inquestionável: as pessoas são elementos estratégicos para viabilizar o sucesso das empresas. São elas que socializam, compartilham e criam o conhecimento de que hoje todas as empresas precisam (Wood Jr. & Picarelli, 2004).

Basta uma rápida revisão dos modelos de gestão de pessoas para se ter noção da evolução pela qual passaram. Saindo de padrões em que cabia ao empregado apenas executar atividades predefinidas, sem qualquer participação ou desempenho inteligente, chega-se hoje a modelos em que a ele cabe definir o próprio trabalho, formulando, ele mesmo, as questões que deverão ser solucionadas. E também em um estágio ainda mais complexo: criar o conhecimento que permitirá solucionar as questões por ele formuladas, um desempenho essencialmente inteligente.

Ou seja, não restam dúvidas de que as pessoas assumem papel estratégico no palco da economia global (Ohmae, 2006).

Na economia globalizada, as pessoas constituem verdadeira fonte de vantagem competitiva, não apenas pelo conhecimento ou pelas habilidades que possuem, mas devido à "capacidade original de combinarem emoção com razão, subjetividade com objetividade quando concebem situações, quando desempenham tarefas, interagem e decidem" (Davel & Vergara, 2010:3).

Assim, um dos grandes desafios das organizações contemporâneas é promover a articulação das práticas adotadas na gestão de pessoas, de forma a viabilizar os desempenhos e resultados de que necessita e, simultaneamente, atender às expectativas subjetivas e objetivas das pessoas no que se refere a reconhecimento, valorização, desenvolvimento e carreira. A retenção de talentos e a plena entrega de suas competências estão diretamente relacionadas às oportunidades que as pessoas percebem de obter retribuições compatíveis com o esforço que despendem e de se desenvolver em sua carreira profissional. Por outro lado, estimular a motivação e manter atualizada a capacitação de funcionários são grandes desafios da área pública.

Considerando-se que os comportamentos humanos que constroem e impactam os resultados organizacionais resultam de estímulos e influências de diferentes ordens – objetivas e subjetivas –, não será difícil concluir que as políticas e práticas de gestão de pessoas ganham relevância no contexto dos negócios, servindo como diferencial competitivo na aquisição e retenção dos melhores profissionais.

Os sistemas de gestão de pessoas em uso nas organizações contemporâneas são integrados por um conjunto de ferramentas gerenciais que visam tanto atender às necessidades e expectativas das pessoas como gerar os resultados de que a organização precisa. Entre essas ferramentas, as mais comuns são: identificação e seleção de pessoas; remuneração e benefícios; capacitação e desenvolvimento; avaliação do desempenho. Com o crescimento da competição e a busca de maior efetividade nas ações de gestão, as organizações passaram a incorporar a abordagem das competências a todas as práticas de gestão de pessoas: seleção e alocação por competências, remuneração por competências e desenvolvimento de competências, entre outras.

Também passaram a dar mais atenção aos aspectos organizacionais que poderiam interferir na qualidade de vida das pessoas, priorizando seu bem-estar objetivo, como saúde, lazer, cultura e outros, e muitas vezes deixando em segundo plano o bem-estar subjetivo, como os afetos positivos, sentimento de realização pessoal etc. A próxima seção abordará a questão da qualidade de vida e o sofrimento no trabalho.

## Qualidade de vida e sofrimento no trabalho em empresas competitivas

Segundo Limongi-França (1996), qualidade de vida no trabalho é o conjunto das ações de uma empresa no sentido de implantar melhorias e inovações gerenciais, tecnológicas e estruturais no ambiente de trabalho. O conceito de qualidade de vida no trabalho (QVT) ainda é impreciso; muita coisa está associada a ele, o que torna complexa a delimitação conceitual. De forma geral, refere-se a boas condições físicas e ambientais e a um trabalho prazeroso, que é definido por Dejours (2003) como aquele em que o trabalhador exerce influência na sua concepção, ou seja, permite que a criatividade, a capacidade de solucionar problemas e o emprego da inteligência sejam praticados.

Muitas empresas estimulam a realização de ginástica laboral, programas de lazer, programas culturais, práticas de preservação da saúde e alimentação saudável, entre outras atividades, com o intuito de proporcionar melhor qualidade de vida para seus empregados. A gestão estratégica de pessoas considera os profissionais em diferentes dimensões, não apenas como pessoas que trabalham em troca de um salário ou remuneração. A concessão de benefícios complementares à remuneração permite melhor atender a aspectos que influenciam na qualidade de vida das pessoas, dentro e fora do ambiente de trabalho (Mascarenhas, 2008).

Entendemos qualidade de vida no trabalho como uma forma de bem-estar. Quando presente, a QVT é um estado de bem-estar do indivíduo, que pode ser físico ou psicológico, ou os dois. Qualidade de vida no trabalho é uma forma de se sentir, de se posicionar diante do trabalho, da empresa, da carreira profissional e da própria vida.

Como as pessoas são diferentes, têm expectativas e formas de agir diferentes, não é difícil concluir que a percepção do que é qualidade de vida poderá diferir entre elas. Ou seja, o que é qualidade de vida para uns poderá não ser para outros. É óbvio que se as condições da empresa forem inóspitas, se o clima organizacional for opressivo, haverá uma forte tendência de o bem-estar das pessoas ficar abalado, e elas sentirem que falta qualidade na vida que têm no trabalho. Aspectos como a faixa etária e o tempo de trabalho na organização também podem determinar diferentes percepções do que é essa qualidade de vida.

A globalização, com a crescente influência que exerce sobre a competitividade das empresas, fez crescer e tem mantido em alta a preocupação com a qualidade de vida no âmbito profissional. À medida que se constata que pessoas mais comprometidas, realizadas, saudáveis e motivadas apresentam melhores desempenhos e contribuem mais para melhorar os resultados das organizações, aumenta o interesse e crescem os investimentos na busca de soluções voltadas para melhorar a qualidade de vida no trabalho (Fleury & Fleury, 1997; Lima, 1996).

Se a globalização fez acentuar o interesse pela qualidade de vida do trabalhador pelo fato de estar relacionada com sua produtividade, por outro lado despertou a preocupação dos pesquisadores com relação ao sofrimento no trabalho. Vários estudos e publicações nessa linha, entre os quais Codo (2006), Zanelli, Borges-Andrade e Bastos (2004), Dejours (2003), Goulart (2002), têm evidenciado que existe pressão crescente das empresas por maior produtividade, por diferenciais competitivos, inovações e garantia de sustentabilidade, gerando *consequências* sobre a saúde física e psicológica das pessoas.

Conforme Dejours (2003), as exigências do trabalho muitas vezes representam ameaças ao trabalhador, gerando riscos de doenças e sofrimentos. Um dos focos de estudos da psicodinâmica do trabalho é o sentimento de incapacidade de dar conta das demandas sempre mutantes do trabalho, uma fonte já bem conhecida de sofrimento dos trabalhadores (Lancman & Sznelwar, 2004).

O item a seguir aborda essa questão em maior profundidade ao discutir as exigências recebidas por líderes em seu trabalho, que, embora sedutor, é também repleto de situações estressantes e até mesmo doentias.

*O trabalho de líderes executivos: sofrimento ou vida com qualidade?*

No contexto das questões sobre a qualidade de vida e o sofrimento no trabalho merece destaque o trabalho dos executivos, que, ao ser lembrado, de pronto faz surgir uma pergunta: o trabalho do executivo está mais próximo do sofrimento ou da vida com qualidade?

A resposta imediata é: depende. Sabemos que a percepção do que é qualidade de vida poderá diferir entre as pessoas, e o dia a dia das organizações tem comprovado que existem diferenças na forma como gestores percebem suas obrigações e assumem suas responsabilidades.

No mundo do trabalho, as organizações não atuam apenas de maneira operacional e funcional, mas assumem, também, uma dimensão simbólica, que pode ser percebida por meio da cultura organizacional. Segundo Tonet (2006:31),

> a empresa, por meio de instrumentos como a sua cultura organizacional, suas práticas de gestão de pessoas, entre outras, passa a exercer sobre seus funcionários uma influência muito além das questões operacionais. Ela passa a ter um papel de divindade, a ser o "senhor" da vida das pessoas, a entidade máxima a ser venerada e idolatrada.

O capítulo 2 aborda a relação entre a liderança e a cultura organizacional.

Assim percebidas, as empresas seduzem e encantam os executivos sequiosos de realização pessoal, empenhados não só em demonstrar o que são capazes de fazer no trabalho e na empresa, mas também em mostrar a parentes, amigos e a todo mundo que são competentes, valorizados em seu trabalho e que pertencem a um grupo superior, um grupo de realizadores. Confirmando essa posição, Siqueira (2009:109) afirma que:

> Um dos principais fatores que motivam o executivo nas organizações modernas é o sucesso e o reconhecimento desse sucesso por parte de outras pessoas. Para alcançá-lo, não importa o esforço despendido, nem o número de papéis a que se é obrigado a representar na empresa; no curto prazo, tudo acaba valendo a pena: o indivíduo busca o paraíso perdido, a concretização do desejo de fama e reconhecimento, um espaço para viver seus sonhos e projetos.

Segundo Freitas (2000a:11), "as organizações modernas se apresentam como guardiãs dos mais altos valores sociais e da moralidade pública". Ao serem percebidas dentro de uma visão que lhes atribui o papel de divindade, passam a ser tratadas como um local de realização de desejos, sonhos e projetos. Deixam de ser vistas apenas como um local de troca de trabalho por salário, ou de entrega de competências e soluções para problemas de oferta de serviços e produção por ganhos monetários. As organizações deixam de apenas suprir as necessidades materiais e econômicas, passando a desempenhar um papel de fornecedoras de significações, qualificações e identidade para os indivíduos (Freitas, 2000a). É dentro das organizações que encontrarão sua identidade pessoal, e não mais no trabalho puramente (Tonet, 2006). As pessoas, os executivos em particular, tendem a aspirar ao poder e muitos se deixam inebriar por ele. Buscam o *status* que um cargo de diretor oferece e as evidências do prestígio que dele decorrem, como a sala toda envidraçada no 17º andar, o carro do ano, luxuoso e com motorista disponível 24 horas por dia ou, ainda, a participação nas convenções internacionais, com direito a levar a família. Essa descrição não retrata a situação de todos os executivos, mas certamente se aplica a uma grande parte deles.

Aqui, cabe retomar a pergunta: o trabalho do executivo está mais próximo do sofrimento ou da vida com qualidade?

Mintzberg (1986) comprovou, em uma de suas primeiras pesquisas, que o trabalho do executivo era revestido de mitos, e que aquilo que muitos julgavam ser a expressão de bem-estar e prazer na verdade se constituía em trabalho árduo e nem sempre recompensado. Estudando o tema do estresse e sofrimento no trabalho dos executivos, Mota, Tanure e Carvalho Neto (2008:125) concluíram que o comportamento da maioria dos executivos das grandes empresas no Brasil é marcado pela pressa, agressividade e competitividade, características associadas ao estresse intenso, que por sua vez está entre as causas de sofrimento no trabalho.

Os mesmos autores indagam:

A cara da grande empresa brasileira não seria a de uma pessoa bastante estressada, que gosta de adrenalina, que adora o que faz, mas ao mesmo tempo se confessa insatisfeita e infeliz com vários aspectos-chave relacionados ao trabalho e também com sua vida pessoal? [Mota, Tanure & Carvalho Neto, 2008:125].

Quick, Cooper e Quick (2003), médicos pesquisadores, estudaram a influência, sobre a saúde de executivos, da competição e do conflito nas organizações, concluindo que essas variáveis podem elevar os batimentos cardíacos, a tensão muscular, a pressão arterial e diminuir a atividade do sistema imunológico. A longo prazo, esses efeitos são debilitantes, deixando os executivos expostos a um grande número de males médicos e psicológicos que comprometem a saúde, alguns deles chegando a ser letais para seus portadores.

A solidão do comando também acaba por interferir na saúde psicológica e até mesmo física dos executivos. A vida de executivo, cheia de compromissos e sem tempo para lazer ou agenda para qualquer outra atividade dissociada da empresa, geralmente isola o indivíduo dos amigos com os quais, antes de ascender ao cargo, jogava uma partida de futebol uma noite por semana, vez ou outra participava de uma mesa de buraco, ou até se encontrava apenas para bater um papo descontraído.

Os relacionamentos que o executivo mantém geralmente estão ligados ao cargo que ocupa: são jantares formais para ampliar network, almoços de negócios, reuniões para conhecer o produto de um fornecedor ou para inteirar-se de uma nova metodologia de análise de cenários. Se perder o cargo, é bem provável que se veja sozinho; perderá seus contatos, pois eles não são amigos, são apenas relações de negócios.

O ponto é que a empresa acaba ocupando um espaço tão intenso na vida do indivíduo que ele começa a achar natural todas as renúncias feitas para o bem da empresa. Toda a sua vida pessoal acaba sendo prejudicada, assim como suas relações sociais acabam restritas àquelas estabelecidas dentro da organização, interagindo-se, então, nas relações extratrabalho com colegas, clientes e fornecedores [Siqueira, 2009:120].

Por outro lado, já é prática em muitas organizações oferecer aos executivos as condições de que precisam para vencer o estresse em que vivem, como academias de ginástica, bons restaurantes, *space-coffee*, ambientes aprazíveis de leitura, ingressos para teatro, shows e jogos de futebol, além de programações de final de semana, incluindo partidas de tênis, *running*, práticas de esqui aquático, *rafting* e outras.

Com isso, as empresas procuram suprir necessidades que, não sendo atendidas, poderiam reduzir a capacidade de trabalho do executivo. E ele não precisa nem se ausentar da empresa ou se ocupar com detalhes, pois a empresa se antecipa. Algumas empresas norte-americanas, como Google e Amazon, chegam a permitir que seus executivos criem seus espaços físicos próprios, com direito a decoração e móveis do gosto pessoal, tudo isso com a finalidade de criar a sensação de que o executivo é feliz e não precisa de nada além do seu trabalho e da empresa.

O que, então, se pode concluir? O trabalho do executivo está mais próximo do sofrimento ou da vida com qualidade?

A nossa ideia é deixar que você responda. Principalmente se você vive essa relação tumultuada, em que ódio e amor se revezam nas coisas que faz e nas relações que constrói. Como anda sua qualidade de vida no trabalho? Sua empresa vai bem? Sua carreira é promissora? Seus desafios são muitos e, temos certeza, você gosta deles. Está preparado para isso? Tem encontrado tempo para estudar, desenvolver suas competências, aprender algo novo? O que pensam a seu respeito seus pares e funcionários? Como andam suas relações com eles? Você consegue conciliar a cultura do "para ontem" e abre espaços para conversas significativas com as pessoas com quem trabalha? Você é capaz de identificar características individuais dos integrantes da sua equipe de trabalho?

Um estudo realizado na Inglaterra avaliou a reação de profissionais da área de saúde diante de dois supervisores: um de quem não gostavam e outro com quem tinham uma boa relação. A pressão arterial sistólica subia até 13 pontos e a diastólica até 6 pontos cada vez que trabalhavam com o chefe de quem não gostavam (Goleman, 2007).

**Reflexão**: Considerando o que foi dito até aqui, pense em você: como anda sua saúde? Tem encontrado tempo para relaxar, praticar exercícios? Já fez seu check-up anual do ano passado? Qual o seu peso? E como estão as relações com sua família? Que parcela de tempo semanal tem dedicado a ela? Há quanto tempo não tem um jantar em família ou faz um programinha a dois?

Na grande maioria das nossas empresas, o trabalho do executivo é caracterizado pela competitividade, pela responsabilização por resultados e pela exiguidade de tempo para ser realizado. Por outro lado, a cultura brasileira valoriza o poder, os indicadores de *status* elevado, como cargos de direção e os símbolos de prestígio, incluindo carros de alto valor, pertencimento a grupos de elite, participação em eventos restritos, entre outros. A vida executiva tem seus atrativos, mas impõe sacrifícios e renúncias, que exigem do executivo clareza dos seus objetivos de vida profissional e pessoal, discernimento quanto aos ganhos e perdas que enfrenta cotidianamente e sabedoria para escolher o que mais lhe convém. A partir das variáveis estudadas podemos identificar muitos desafios para a liderança contemporânea.

Neste capítulo abordamos o desafio de liderar organizações em ambientes mutáveis e competitivos, caracterizado por variáveis de gestão difícil e complexa. Para facilitar a compreensão desse ambiente, foi concebido e descrito modelo constituído pelas variáveis *mudanças rápidas*, *demanda por inovação*, *uso intensivo de conhecimento* e *gestão em rede*, reunidas em torno de um eixo central, representativo da gestão de pessoas e tendo como suporte a liderança. Também foi introduzido o tema gestão de pessoas em ambientes competitivos, com ênfase na qualidade de vida e do bem-estar no trabalho. Finalizando o capítulo, foi levantada questão sobre o trabalho de líderes e executivos, buscando-se analisar as características de sofrimento e de bem-estar que o envolvem.

Nos capítulos a seguir detalharemos ou exploraremos variáveis associadas à liderança e gestão de pessoas, como no capítulo 2, que descreve teorias e estilos de liderança, a abordagem das competências, *empowerment* e delegação de tarefas.

# 2

# Desenvolvimento da liderança

No capítulo 1 discutimos os desafios das organizações contemporâneas diante das rupturas e transformações, cada vez mais intensas e frequentes que, sem sombra de dúvida, afetaram as organizações, sua administração e seu comportamento. Entendemos que as organizações que pretendem não apenas reagir, mas influenciar as mudanças que ocorrem em seu entorno precisarão de líderes capazes de perceber os mínimos movimentos que as afetam e, então, administrar o impacto gerado pelas mudanças sobre as pessoas presentes no cotidiano organizacional.

Assim, este capítulo visa não somente conceituar liderança, mas, a partir de seus conceitos, provocar reflexões sobre este tema tão instigante. Começaremos definindo liderança, suas principais abordagens e a estreita ligação entre liderança e cultura. Logo após discutiremos as competências demandadas dos líderes, *empowerment* e delegação de tarefas.

## Definindo liderança

Conceituar liderança não é trivial. Bennis (1996) afirmou que a liderança assemelha-se à beleza, visto que ambas são dificílimas de serem definidas, mas são facilmente reconhecidas por todos nós.

A despeito de encontrarmos diferenças entre os conceitos, um dos denominadores comuns, já presente nos primeiros trabalhos dedicados ao estudo da liderança, apresentava uma forte associação dela com a capacidade de exercer influência de forma intencional sobre indivíduos e grupos com vistas a atingir os resultados almejados. Vejamos, a seguir, alguns conceitos encontrados na literatura:

❏ "Definimos liderança como um processo de influência nas atividades de um indivíduo ou de um grupo, nos esforços para a realização de um objetivo em determinada situação" (Hersey & Blanchard, 1977:87).

❏ "Liderança é o processo de encorajar e ajudar os outros a trabalhar entusiasticamente na direção dos objetivos" (Davis & Newstron, 1992:150).

❏ "Definimos liderança como a capacidade de influenciar um grupo para alcançar metas" (Robbins, 2006:258).

Segundo Motta (1997), a visão da liderança como a capacidade de influenciar o comportamento de outras pessoas para o atingimento de resultados e ainda ser retribuído com admiração e lealdade fez com que fosse criada uma aura de mistérios e atrativos no entorno do ato de liderar. Afinal, segundo o autor, "a ideia de liderar é também mais simpática e atraente do que a de administrar, comandar, dirigir ou gerenciar" (Motta, 1997:206).

Já em 1997, Motta nos lembrava também que liderança tornou-se primordial aos gestores, visto que ela facilita as interações pessoais para o alcance dos objetivos individuais e organizacionais e, por isso, é natural que todos os gestores a almejem. Entretanto, é preciso ressaltar que a liderança não é exclusiva dos gestores. Afinal, da mesma forma que conhecemos gestores que nem de longe exercem liderança, também conhecemos muitos líderes que não ocupam oficialmente cargos gerenciais.

Assim, para que possamos compreender a evolução dos estudos sobre liderança, vamos juntos fazer um passeio por algumas das principais teorias encontradas na literatura. É importante lembrarmos que essas teorias, apresentadas ao longo das últimas décadas, correspondem aos principais insumos utilizados nos modelos gerenciais no mundo contemporâneo.

## Principais abordagens teóricas

Numa primeira tentativa de se identificar a figura do líder eficaz foram pesquisados traços comportamentais que auxiliariam em seu papel. Daí surgiu, então, a teoria dos traços.

Essa teoria predominou no período compreendido entre 1920 e 1940, e seu reconhecimento e sucesso deveram-se muito à contribuição oferecida pelo desenvolvimento de pesquisas realizadas na psicologia. Nesse período, os testes de personalidade e de inteligência despertaram interesse nos estudiosos (Tolfo, 2010). Segundo essa teoria, o líder é aquele que possui certo perfil que o distingue das demais pessoas e o habilita para exercer a função de liderança. Tal perfil ou traços, segundo a autora, envolvem:

❏ aspectos físicos: estatura, peso, idade, força física;
❏ habilidades: inteligência, fluência verbal, capacidade analítica;
❏ personalidade: introversão, extroversão, autocontrole, autoconfiança.

Quando, em conversa com amigos, comentamos a capacidade de liderança de um executivo sob a argumentação de que ele fala muito bem, ou fala o que os liderados querem ouvir, sem querer, nessas horas, podemos estar sendo seguidores da teoria dos traços.

De acordo com este estudo, a liderança é inata e, portanto, líderes não podem ser treinados nem desenvolvidos. Apenas os indivíduos que nascem com esses traços estão aptos ao exercício da liderança. A teoria dos traços focaliza *o que o líder é*.

Diversas pesquisas foram realizadas na época com o intuito de comprovar a existência de traços que distinguissem líderes de não líderes, mas nenhum resultado apontou para um perfil com garantias de sucesso.

A partir da década de 1940 até a de 1960, quando se percebeu a miopia existente na teoria que defendia a existência de características inatas na figura do líder, buscou-se pesquisar os padrões de comportamento dos líderes sobre diferentes grupos na tentativa de identificar os comportamentos específicos.

As teorias comportamentais surgiram então como uma tentativa de trazer luz a essa questão. Focalizam *o que o líder faz* e, diferentemente da teoria dos traços, acreditam que a partir do momento em que os padrões de comportamento são identificados podemos elaborar programas de treinamento para a formação de líderes.

As teorias comportamentais são ancoradas em pesquisas realizadas na época e apontam para a existência de estilos de liderança. Assim, busca-se identificar qual o melhor estilo de influência a ser adotado.

De acordo com essas pesquisas, existem três estilos de liderança:

❑ liderança autocrática – é a liderança que ocorre por meio do comando. O líder centraliza as decisões e impõe suas ordens. Dá suporte para o dito popular segundo o qual "manda quem pode, obedece quem tem juízo";

❑ liderança democrática – o líder conduz e orienta o grupo, e incentiva a participação de todos. As decisões são tomadas coletivamente por meio da delegação de autoridade. Ressalte-se que o líder democrata pode ser consultivo ou participativo. O primeiro se dispõe a ouvir todos os envolvidos, mas opta por decidir sozinho. Já o participativo concede também a participação no próprio processo de tomada de decisão (Sobral & Alketa, 2008);

❏ liderança liberal (*laissez-faire*) – possui pouca participação do líder, e o grupo possui total liberdade para agir. Na verdade, entende-se que nesse estilo o papel do líder é apenas o de provedor de recursos.

As pesquisas também tentaram identificar as consequências do uso de cada um dos estilos apresentados e concluíram que os líderes autocráticos até conseguiram maior produtividade, mas o custo social foi alto, visto que os indivíduos apresentaram fortes sinais de agressividade e tensão. Já os líderes democráticos, muito embora não tenham conseguido superar a produção dos autocráticos, conseguiram alcançar um excelente grau de comprometimento e coesão dos indivíduos do grupo. Quanto ao estilo *laissez-faire*, as pesquisas concluíram que os resultados alcançados não foram bons nem na qualidade, nem na quantidade.

Será que existe o melhor estilo para ação do líder? Cremos ser difícil estabelecer, pois cada momento exige um estilo de liderança.

Imaginem o diretor executivo de uma empresa diante de uma situação de emergência, como um incêndio nas instalações, convocando todos os funcionários no auditório para decidirem coletivamente o que fazer. Será que esse comportamento democrático seria válido? Sabemos que não. Por outro lado, vocês já imaginaram se esse mesmo diretor decidisse, sem consultar ninguém, comprar um presente para o presidente da empresa e ratear o valor do mesmo entre os funcionários?

As teorias comportamentais foram fortemente impulsionadas com os resultados obtidos em estudos sobre as habilidades do líder, realizados a partir do final da década de 1940, nas universidades de Ohio e Michigan (Robbins, 2006; Sobral & Alketa, 2008). Tais estudos concluíram que existem duas dimensões referentes ao comportamento do líder: orientada para as pessoas e orientada para a produção (ou tarefa).

Na liderança orientada para a produção, o líder é responsável por insumos para que o trabalho seja realizado e seu comportamento enfatiza as questões técnicas e práticas. Para esse líder, o que importa é a realização das tarefas; as pessoas são apenas o meio para que os resultados sejam obtidos. Na contramão dessa dimensão, temos o líder orientado para as pessoas. Esses líderes valorizam as relações interpessoais, preocupam-se em criar um bom ambiente de trabalho e ficam atentos às necessidades dos integrantes do grupo para que o resultado seja alcançado (Robbins, 2006; Tolfo, 2010).

Como vimos, as primeiras teorias mantiveram o foco apenas na figura do líder, isto é, no que o líder é ou no que o líder faz. Entretanto, os estudiosos perceberam que, no contexto da liderança, outros dois elementos são de suma importância: a situação e o seguidor. Assim, a partir da década de 1960, os pesquisadores continuaram a defender que o comportamento do líder é um dos fatores que garantem que um grupo alcance resultados em suas tarefas, mas reconheceram que só isso não era o bastante. É necessário que esse comportamento seja adequado às diversas situações. Lembram-se do exemplo do incêndio citado anteriormente? O diretor executivo não percebeu que sua ação deveria se adequar à situação.

Surgem, então, as *teorias das contingências*, como o modelo de Fiedler e a teoria situacional de Hersey e Blanchard (Robbins, 2006).

O modelo de contingência proposto por Fred Fiedler (apud Robbins, 2006) argumenta que o alcance dos resultados de um grupo depende da adequação entre o estilo de comportamento do líder – se é orientado para os relacionamentos ou para as tarefas – e o grau de controle que ele possua sobre a situação vivida.

Já a teoria situacional, proposta por Hersey e Blanchard (1977), enfatiza uma dimensão que não havia sido privilegiada em nenhuma outra teoria. Seu enfoque são os liderados e, nessa linha, os autores afirmam que o poder está nas mãos dos liderados, uma vez que são eles que legitimam, ou não, o líder.

As teorias contingenciais partem do princípio de que não existe um estilo único de liderança válido para qualquer tipo de situação; tudo depende das circunstâncias. Elas observam que não podemos prestar atenção apenas na figura do líder, visto que a liderança é uma relação recíproca, ou seja, não existe líder sem liderados. O comportamento do líder é importante, mas não é exclusivo; portanto, precisamos também estar atentos aos estilos de comportamento dos seguidores e à situação enfrentada.

Tendo em vista a necessidade de as organizações empreenderem mudanças em seus processos a fim de sobreviverem aos níveis de competição, na década de 1980 alguns pesquisadores passaram a se dedicar com mais ênfase ao estudo da liderança intitulada *transformacional,* que, segundo Bergamini (1997:259), significa "o processo de influenciar mudanças significativas nas atitudes e pressupostos dos membros da organização, bem como fomentar envolvimento com a missão e objetivos da organização". Essa nova corrente de pesquisa representa um processo no qual a reciprocidade entre líder e seguidor é de suma importância. Nesse processo, a influência ocorre tanto de forma ascendente como descendente, ou seja, não apenas os líderes influenciam e ditam normas a seus seguidores, mas também são influenciados por eles.

Segundo Tolfo (2010), a liderança transformacional privilegia o carisma, os relacionamentos interpessoais recíprocos e as necessidades dos empregados. Bergamini (1997) complementa esse ponto de vista ao afirmar que o líder, para desempenhar seu papel, precisa conhecer seus seguidores integralmente; portanto, precisa conhecer suas motivações. Robbins (2006) nos alerta que os líderes transformacionais alcançam respeito e confiança; eles inspiram seus seguidores quando comunicam suas expectativas e, com carisma, constroem uma identidade comum.

Tracey e Hinkin (1998), a partir de alguns estudos, nos ensinam que são quatro as dimensões pertencentes à estratégia da liderança transformacional, a saber:

❏ na liderança transformacional ocorre uma influência idealizada, conseguindo-se que os seguidores se identifiquem com a figura e a causa que o líder representa, de onde resultam admiração, respeito e confiança;
❏ o líder transformacional serve-se da motivação inspiradora, promovendo as noções de sentido e desafio naquilo que fazem seus seguidores. Isso inclui a preocupação de harmonizar os objetivos individuais dos seguidores com os objetivos organizacionais;
❏ na liderança transformacional ocorre o estímulo à reflexão e ao questionamento, fazendo com que os seguidores coloquem em dúvida o *status quo*, mesmo quando este está funcionando bem. Assim, o líder busca suscitar novas ideias e soluções criativas para problemas diferentes, levando a novas formas de desempenho no trabalho;
❏ na liderança transformacional o líder dispensa consideração individualizada, ou seja, considera relevante ouvir atentamente cada um dos seguidores. Esse tipo de liderança presta especial atenção às realizações e à necessidade de crescimento de cada um deles.

> **Reflexão:** Diante das abordagens apresentadas, você pode estar se perguntando: E agora, o que define um líder? Qual teoria é válida para os dias atuais? Influência, confiança e carisma continuam sendo palavras presentes na liderança contemporânea?

Como dissemos no início, as abordagens clássicas apresentadas correspondem aos principais insumos utilizados nos modelos gerenciais no mundo contemporâneo; portanto, não se deve considerar ultrapassado tudo o que é antigo (Tolfo, 2010).

Liderar equipes que visam alcançar alto desempenho implica, sem sombra de dúvida, influência, confiança e carisma.

A influência é intimamente relacionada à confiança. Será que seríamos capazes de ser influenciados por alguém em quem não confiamos? Cremos que não. A confiança, segundo Robbins (2006:276), ocorre quando existe "a expectativa positiva de que o outro não agirá de maneira oportunista – seja por palavras ações ou decisões". No capítulo 3 voltaremos ao tema confiança e teremos a oportunidade de estudá-lo mais detalhadamente.

Quanto ao carisma, algumas pesquisas buscaram identificar as características dos líderes considerados carismáticos e, segundo Robbins (2006), um dos estudos mais documentados afirma que os carismáticos:

- possuem uma visão na qual acreditam e, por isso, estão dispostos a assumir riscos por ela;
- reconhecem quando existem limitações ambientais e são sensíveis às necessidades de seus seguidores.

> **Reflexão:** Diante do cenário turbulento em que vivemos, cremos que a capacidade de ouvir o ambiente e enxergar suas limitações são características precípuas para um líder. Você não acha?

Tolfo (2010) argumenta que, no cenário atual, espera-se que o líder seja um mobilizador de recursos. Tal perspectiva implica ações mais horizontalizadas, ou seja, torna-se necessário que o exercício da influência ocorra de forma mais participativa. Além disso, a autora enfatiza que a liderança pressupõe o conhecimento da cultura organizacional.

Será que a cultura organizacional é um fator relevante quando tratamos de liderança? Se pensarmos nos fatos cotidianos que envolvem os temas liderança e cultura, com toda a certeza responderemos que sim.

> **Reflexão:** Você já reparou que em processos de mudança, como fusão de duas empresas, por exemplo, a grande preocupação dos seus integrantes é a respeito da cultura que prevalecerá?

Nesses momentos, os líderes exercem um papel essencial. Cabe a eles identificar quais valores deverão ser mantidos e, quando há necessidade de promover mudanças, identificar as diferenças culturais e transmiti-las com serenidade aos seus seguidores.

Assim, discutiremos a seguir o que entendemos por cultura organizacional e sua ligação íntima com a liderança.

## A liderança e a cultura

O conceito de cultura possui uma longa e diversificada história. Inicialmente, as teorizações sobre o tema ocorreram na antropologia e só mais tarde – em meados da década de 1960 – o tema cultura passou a ser contemplado nos estudos organizacionais. A despeito da polissemia que se apresenta quando se trata do conceito de cultura organizacional, o conceito que se consolidou como um referencial para os administradores entende por cultura organizacional um conjunto de crenças, símbolos e valores que são compartilhados por todos em um grupo (Barbosa, 2003, 2009).

A expressão cultura organizacional surgiu em meados da década de 1960, por meio dos consultores de desenvolvimento organizacional (DO), que defendiam mudanças nas relações internas das organizações e a implantação de valores considerados mais humanísticos. Entretanto, somente a partir da década de 1980 os teóricos da administração perceberam que a cultura era uma variável que deveria ser considerada para compreender a complexidade existente nas organizações e levada em conta nas tomadas de decisões (Aidar e colaboradores, 2004).

Schein (2009:8) afirma que "cultura como conceito é uma abstração, mas suas consequências comportamentais e atitudinais são, de fato, muito concretas". O autor afirma que liderança e cultura são faces de uma mesma moeda e, portanto, encontram-se entrelaçadas.

É comum encontrarmos textos que apresentem os líderes como criadores e mantenedores da cultura, além de serem apontados como os responsáveis por modificá-la quando já é percebida como disfuncional. Schein (2009), no entanto, observa que a cultura resulta de um processo de aprendizagem coletiva e que, por isso, é apenas parcialmente influenciada pelo líder. Mas, segundo o autor, se a sobrevivência de um grupo estiver ameaçada em decorrência de elementos de sua cultura estarem inadequados, espera-se que os líderes possuam a capacidade de reconhecer o problema e de agir. "É nesse sentido que liderança e cultura estão conceitualmente entrelaçadas" (Schein, 2009:11).

O líder pode introduzir elementos para iniciar o processo de criação da cultura ou alterar cultura vigente impondo suas crenças, valores e suposições, mas a cultura será fixada à medida que tais suposições passem a ser compartilhadas por todos os integrantes do grupo. Esse processo ocorre quando os indivíduos na organização começam a experimentar o sucesso, ou seja, quando determinada maneira de agir passa a ser reconhecida por todos como a maneira mais eficaz de se atingirem os resultados desejados.

Quantas vezes já escutamos histórias de gestores considerados competentes por seu excelente desempenho, mas que, ao trocarem de organização, não atenderam às expectativas do novo empregador e de seus novos liderados? Nessas horas é comum ouvirmos funcionários mais antigos afirmarem que ele – o gestor – "não prestou atenção no ritmo em que a banda tocava", ou seja, não prestou atenção na cultura local. Será que prestar atenção na cultura organizacional deve ser uma competência do líder?

Agora que já apresentamos as principais abordagens de liderança e a estreita ligação entre liderança e cultura organizacional, vamos abordar mais objetivamente as competências necessárias ao líder.

## Competências requeridas dos líderes contemporâneos

Mas afinal o que é competência? O que entendemos por uma pessoa competente?

Nos últimos tempos, alguns autores dedicaram-se ao desafio de definir competência. O termo é comumente utilizado para identificar uma pessoa capaz de fazer algo. Seu oposto implica não apenas incapacidade, mas também atribui um sentido pejorativo.

Zarifian (2001:66) nos diz que "a competência profissional é uma combinação de conhecimentos, aptidão, ação, resultado de saber fazer, de experiências e comportamentos que se exerce em um contexto preciso". O autor ressalta que a competência só pode ser constatada quando é utilizada em situação na qual possa ser avaliada.

Le Boterf (2003:37) nos ensina que a competência é inseparável da ação, isto é, a competência só se comprova a partir da ação. Para o autor, ser competente "é assumir responsabilidades frente a situações de trabalho complexas, buscando lidar com eventos inéditos, surpreendentes, de natureza singular".

Hoje, espera-se que um profissional seja capaz de ir além do prescrito, ou seja, que ele também seja capaz de tomar decisões diante de uma situação inusitada. Segundo Dutra (2004), à medida que o processo decisório é cada vez mais descentralizado, as organizações atuais buscam para seus quadros funcionais pessoas mais autônomas e com maior grau de iniciativa.

De acordo com Le Boterf (2003), lidar com o inusitado implica:

❏ saber agir e reagir com pertinência, ou seja, saber o que e por que fazer. É importante distinguir o *saber agir* do *saber fazer*, isto é, o saber agir vai além do saber executar; ele revela a competência de lidar com situações imprevistas;
❏ saber combinar recursos e mobilizá-los em um contexto, isto é, usufruir com propriedade tanto dos seus recursos pessoais quanto dos recursos de seu meio. O autor afirma que ações competentes resultam deste saber combinatório;
❏ saber transpor, isto é, saber enfrentar situações novas a partir de experiências vividas anteriormente, o que supõe as capacidades de aprender com a experiência própria e de se adaptar;
❏ saber aprender e aprender a aprender, o que corresponde a fazer da sua prática uma oportunidade para construir um novo conhecimento. Essa construção envolve diagnose e disponibilidade para correção de rotas sempre que necessário;
❏ saber envolver-se, considerando que o envolvimento, neste caso, significa perceber e aceitar a subjetividade que permeia todos os envolvidos no processo.

Le Boterf (2003) também nos ensina que a competência exige reconhecimento, ou seja, não basta que o indivíduo se julgue competente; torna-se necessário que o outro também o reconheça como tal. Assim, entendemos que a competência se configura na *ação* e consequente *reação*. Esse fato nos ensina que nunca podemos nos achar prontos. Sempre teremos pela frente algo a nos desafiar e, consequentemente, algo a aprender. A competência depende da cultura (olha, cultura novamente) do ambiente e do momento.

Vejamos o que alguns autores nos falam sobre as principais competências necessárias ao líder contemporâneo.

Vergara (2011) nos alerta que todos nós admitimos a necessidade de as organizações se adaptarem às mudanças que ocorrem no ambiente. Entretanto, é comum esquecermo-nos de dar a mesma ênfase à necessidade de adaptação dos gestores. Lembrem-se sempre de que empresas são formadas por pessoas, ou seja, são formadas por nós. Se não formos capazes de nos adequar às novas necessidades, não estaremos contribuindo para o alcance da visão organizacional. A autora, com base em Rhinesmith, aponta seis competências necessárias ao gestor que, a partir de agora, chamaremos de gestor líder. São elas:

❑ gestão da competitividade – todos nós, em algum momento, já ouvimos falar que "informação vale ouro". Pois então: hoje temos à nossa disposição, em frações de segundos, informações armazenadas nas bases digitais do mundo todo. Cabe ao gestor líder acessar a informação certa para aplicá-la na hora certa;

*Como fazer isso?* Forme uma equipe que lhe ajude a coletar informações. Estimule o compartilhamento. Lembre-se de que sozinhos ficamos limitados à nossa própria capacidade.

- gestão da complexidade – trata-se da visão sistêmica que todo líder precisa possuir para que possa ser capaz de lidar com a cultura organizacional, com objetivos distintos, com conflitos;

> *Como fazer isso?* O gestor líder, mesmo sendo oficialmente responsável por uma área na qual se sinta tecnicamente muito capaz, precisará sempre lembrar-se de que esta área está inserida no todo organizacional. Portanto, torna-se precípuo que ele conheça o impacto da sua área no todo organizacional e como ela pode ser impactada pelas outras áreas da organização.

- gestão da adaptabilidade – aqui falamos do famoso "jogo de cintura" ou flexibilidade – um dos principais traços identificados por pesquisadores na cultura brasileira – diante das mudanças que se apresentam;

> *Como fazer isso?* Se entendemos que as organizações se transformam porque precisam acompanhar as mudanças que ocorrem no mundo no qual estão inseridas, parece-nos natural que seus líderes possuam a mesma capacidade de adaptação. Gestores líderes precisam estar abertos às mudanças necessárias ao desenvolvimento organizacional.

- gestão de equipes – refere-se à capacidade de lidar com diversas expectativas, histórias de vida, ou seja, conviver com pessoas. No próximo capítulo discutiremos mais detalhadamente a diversidade presente em nossas equipes de trabalho e o quanto ela é bem-vinda;

> *Como fazer isso?* Ouvindo as pessoas que integram a equipe e respeitando a diversidade existente.

- gestão da incerteza – diz respeito à capacidade de lidar com o futuro desconhecido, ou seja, com as incertezas que acompanham as mudanças;

> *Como fazer isso?* Não podemos, como gestores líderes, garantir o futuro de nossos liderados, mas precisamos, pelo menos, possuir o equilíbrio emocional para lidar com nossos próprios medos e auxiliar nossos liderados a lidar com os deles.

❑ gestão do aprendizado – refere-se à capacidade de nos conhecermos e de facilitarmos o aprendizado das outras pessoas.

> *Como fazer isso?* Precisamos aprender com nossa própria experiência. Reflita sobre suas forças e fraquezas como gestor líder. Fraquezas? Sim, todos as temos. Sempre há o dia em que perdemos a paciência na hora errada ou não nos preparamos como deveríamos para uma atividade. Quando identificamos nossas forças podemos replicá-las, e quando identificamos nossas fraquezas podemos aperfeiçoá-las e transformá-las em novas forças. Faça isso e ajude seus liderados a fazerem o mesmo.

Tanure, Evans e Pucik (2007), com base em pesquisas realizadas em parceria com a Wharton University e a London Business School, apresentam-nos algumas características que, a despeito das diferenças culturais, estão presentes em líderes em diversos países. Segundo eles, os líderes possuem objetivos claros e determinação para alcançá-los, são capazes de trabalhar arduamente, ou seja, possuem foco, energia e vontade de fazer acontecer, atingem resultados e são percebidos como justos. Assim como Vergara (2011) com base em Rhinesmith, os autores também ressaltam a importância do autoconhecimento e de possuir alto grau de resiliência.

Como vimos, faz muito tempo que a liderança já não é vista como algo possível apenas aos que nascem com determinadas competências. O exercício efetivo da liderança pouco ou nada tem a ver com o domínio de competências inatas e raras; as competências necessárias ao gestor líder podem ser aprendidas por meio de ensinamentos, da experiência alheia e da própria experiência do gestor (Motta, 1997).

De acordo com a classificação apresentada por este autor, as competências demandadas do gestor líder contemporâneo podem ser apresentadas em três dimensões: organizacional; interpessoal e características individuais. Para ele, a dimensão organizacional refere-se ao domínio do contexto. Conforme o dito popular, "um gestor-líder precisa conhecer o terreno no qual está pisando". Portanto, precisa ter a competência de pesquisar, conhecer os recursos disponíveis (materiais e imateriais), a missão e os objetivos da organização.

Já a dimensão interpessoal nos fala da capacidade do gestor em se relacionar com sua equipe. O gestor líder precisa fazer uso de uma comunicação na qual ouvir seja tão ou mais importante do que falar. A fala nos auxilia no compartilhamento de visões, mas é ouvindo que conseguimos, na maioria das vezes, grandes soluções. A dimensão interpessoal implica respeito pelo que os outros pensam. Lembrem-se de que só com um bom relacionamento interpessoal será possível cumprir o efetivo papel da liderança: influenciar.

Quanto às características individuais necessárias ao gestor líder, listamos as principais, na visão de Motta (1997):

❑ um conhecedor de si próprio (olha o autoconhecimento aí novamente);
❑ verdadeiro quanto a suas crenças;
❑ autêntico, para inspirar confiança;
❑ desbravador de novos caminhos;
❑ confiante e otimista no enfrentamento dos obstáculos – um líder nunca visualiza o fracasso;
❑ persistente – só assim será o exemplo para que os liderados não desanimem;
❑ íntegro e ético.

Considerando o modelo concebido para descrever o ambiente contemporâneo de negócios, apresentado no capítulo 1, foram elencadas quatro competências de liderança e gestão, cada uma correspondendo a uma variável do modelo. Não significa que sejam as únicas demandadas; dependendo do negócio e do contexto em que o líder esteja inserido, as características da competição poderão ser diferentes, exigindo que os líderes assumam comportamentos específicos (Kirkpatrick & Kirkpatrick, 2006; Band, 1997). As competências elencadas foram: empreendedorismo para identificar oportunidades, flexibilidade para mudar, capacidade de obter recursos para criar e desenvolver negócios, atuação horizontal. A figura 2 associa essas competências às variáveis do modelo concebido para descrever o atual ambiente competitivo dos negócios, apresentado no capítulo 1.

Figura 2
COMPETÊNCIAS PARA ENFRENTAMENTO DO AMBIENTE COMPETITIVO DE NEGÓCIOS

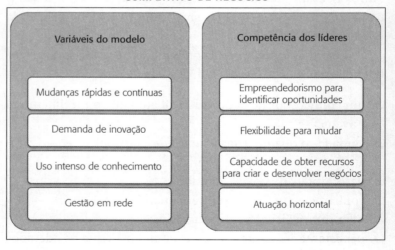

Se concordamos que a liderança exige as competências elencadas nesta seção e que as mesmas podem ser desenvolvidas ao longo da vida, dois pontos importantes a serem destacados são o *empowerment* e a delegação. Afinal, gestores líderes, cada vez mais, possuem como principal atividade desenvolver novos líderes. Como sabemos, isso não se faz da noite para o dia.

## Empowerment: conceitos e objetivos

O termo *empowerment* tem sido fortemente utilizado por estudiosos e gestores tanto nos ambientes acadêmicos quanto nos organizacionais. Trata-se de uma expressão de língua inglesa que é apresentada no *Cambridge Dictionary* (2011) designando uma situação de "doação de poder ou de autoridade ou, ainda, de liberdade, para realizar algo". Por sua vez, Bateman e Snell (1998:370) conceituam o *empowerment*, ou energização, como

> o processo de partilhar o poder com os funcionários, aumentando assim sua confiança na própria capacidade de desempenhar suas funções e a crença de que influenciam a empresa com suas contribuições.

Os autores salientam ainda as vantagens obtidas por uma organização ao proporcionar o *empowerment*: redução de custos, visto que são necessárias menos pessoas destinadas ao monitoramento e controle; incremento da qualidade em função do comprometimento de todos; maior rapidez nas ações, porque as pessoas que veem os problemas também possuem poder para agir; participação de todos nas tomadas de decisão; maior confiança no desempenho dos participantes encorajando-os a assumir responsabilidades e elevando a autoestima de todos.

A concessão de poder a alguém é algo que se observa há muito tempo na história da humanidade e está associada indiretamente, segundo Noronha (2010:473), "ao princípio representacional – o designado como o poder que representa algo e/ou alguém – no mundo das relações sociais". O autor explica que a diferença é que no *empowerment* o que importa é "o quanto podemos fazer com a crença de que possuímos um empoderamento". Já na representação a "investidura não privilegia a ação".

O *empowerment* faz com que o poder, antes situado apenas nos níveis mais altos da hierarquia, isto é, no topo da pirâmide organizacional, seja concedido a todos que trabalham (Schermerhorn, Hunt & Osborn, 2002). Assim, ele é facilmente percebido como uma fonte propulsora da motivação e criatividade da equipe, principalmente em equipes denominadas autogerenciáveis. Cabe ressaltar que com *empowerment* desenvolvemos redes de confiança em nossas áreas de atuação, já que sua utilização implica, necessariamente, a crença nas potencialidades do outro.

Ao analisarmos os conceitos e os objetivos do *empowerment* percebemos ainda um grande descompasso entre a literatura acadêmica e a realidade organizacional, ou seja, ainda existe uma distância relevante entre a intenção e a prática de conferir poder. Afinal, a concessão do poder implica mudanças de crenças e valores dos participantes em todos os níveis da organização.

Quais as iniciativas para fomentar o *empowerment?* Entendemos que, para a criação de um ambiente que o favoreça, a organização tem que evoluir da pirâmide (estrutura vertical) para o círculo (estrutura em rede) (Schermerhorn, Hunt & Osborn, 2002).

Algumas características da pirâmide: decisões tomadas no topo; cada um é responsável apenas pelo seu trabalho; a mudança é lenta, rara e vem apenas de cima; feedback e comunicação ocorrem de cima para baixo; a movimentação e o diálogo entre as divisões são mínimas; as pessoas estão atentas ao topo; os gerentes dizem como fazer as coisas e o que esperam; não se espera que as pessoas estejam altamente motivadas, razão pela qual se mantém um controle rígido sobre o comportamento.

Algumas características do círculo: o cliente está no centro; as pessoas trabalham juntas, de forma cooperativa; responsabilidade, habilidades, autoridade e controle são compartilhados; o controle e a coordenação surgem da comunicação contínua e de muitas decisões; a mudança pode ser muito rápida, à medida que novos desafios surgem; a habilidade-chave em relação a um empregado e um gerente é a capacidade para trabalhar com os outros; o poder vem da capacidade de influenciar e inspirar os outros, não da posição ocupada; espera-se que os indivíduos gerenciem-se e sejam responsáveis pelo todo; os gestores líderes são os incentivadores, os conectores e aqueles que proporcionam o *empowerment* a suas equipes.

Entendemos que criar um ambiente de *empowerment* é questionar a hierarquia verticalizada, construir e priorizar equipes. Implica, para o líder, abrir mão de parcela importante de autoridade e controle, praticar a liderança participativa, que permite às pessoas fazerem uso da iniciativa, das suas habilidades pessoais, visando atingir objetivos comuns a todos. Schermerhorn, Hunt e Osborn (2002) observam que no *empowerment* a delegação de autoridade para níveis hierárquicos inferiores deve ocorrer com objetividade e sem ambiguidade.

### Delegação: conceito e relevância

Delegar é a capacidade que o líder tem de atribuir autonomia, liberdade e autoridade para que seus liderados possam exercer suas tarefas e responsabilidades sem sua presença constante (Cooper & Argyris, 2003). Em outras palavras, a delegação permite o deslocamento da autoridade de tomada de decisões de um nível organizacional para outro. Portanto, a delegação implica *empowerment*. Sobral e Alketa (2008:215) afirmam que "o *empowerment* é um movimento que consiste na delegação de autoridade para os empregados, buscando aumentar seu comprometimento e, consequentemente, sua motivação no trabalho".

> **Reflexão:** Você considera importante que os gestores líderes apresentem predisposição para delegar?

Antes de refletirmos a respeito da questão apresentada, vejamos o caso a seguir.

Um gestor experiente da área operacional de uma indústria alimentícia nos confidenciou que não se sentia confortável em delegar tarefas a sua equipe. Segundo ele, *todos eram muito dependentes dele*, ou seja, seus funcionários atendiam às expectativas desde que ele estivesse sempre por perto monitorando e tomando as decisões importantes.

Como as demandas estavam aumentando, a cada dia nosso amigo se sentia mais pressionado. Segundo ele, não lhe restava outra alternativa a não ser trabalhar, quase todos os dias, muito além do horário e, não raro, levar trabalhos para serem feitos em casa nos finais de semana. Como *consequência* alguns problemas estavam acontecendo. Vejamos alguns deles:

❏ nosso amigo encontrava-se cada vez mais esgotado, estressado e sua produtividade também havia diminuído;
❏ as decisões estavam muito lentas, ocasionando atrasos e, por conseguinte, causando prejuízos;
❏ os funcionários pareciam acomodados e sem motivos e vontade para fazer mais e melhor;
❏ total improdutividade da área quando, por algum motivo, ele precisava ficar ausente.

Tentamos aconselhá-lo a delegar algumas tarefas, mas ele nos disse que isso era impossível. Segundo ele, todas as vezes que tentou delegar a algum de seus funcionários uma tarefa a consequência foi um trabalho dobrado. Ele nos afirmou enfaticamente: "Ninguém faz nada direito e depois eu tenho que consertar. Assim, prefiro logo eu mesmo fazer".

Além disso, nosso amigo nos disse que alguns de seus funcionários demonstravam explicitamente não querer atribuições que, segundo eles, estavam fora das funções de seus cargos. Alguns chegaram a afirmar: "Não ganho para isso!".

**Reflexão**: Será que você já presenciou situações como a apresentada no exemplo? Provavelmente sim, não é mesmo?

Assim, vamos discutir um pouco mais o que entendemos por delegação e o que é preciso para que ela alcance eficácia. Diante do exposto, delegar parece ser parte essencial do trabalho de qualquer gestor. Mas é preciso atenção no que tange a algumas questões, de que trataremos a seguir.

## Por que é importante delegar?

A delegação permite que o gestor tenha mais tempo disponível para se dedicar a funções consideradas essenciais e mais importantes em sua área de competência. É um valioso instrumento no desenvolvimento de funcionários e, consequentemente, permite o aumento da produtividade, criatividade e inovação a partir das contribuições dos empregados. Além disso, delegar favorece o trabalho em equipe e eleva a autoestima de todos. A concessão de poder, presente na delegação, é a base essencial para termos equipes criativas (Schermerhorn, Hunt & Osborn, 2002).

**Reflexão**: Inicialmente pode-se pensar que delegar toma tempo, mas o custo de não delegar, com certeza, se tornará mais caro no longo prazo. Você concorda?

De acordo com Lacombe e Heilborn (2008), a ausência de delegação frequentemente causa perdas de oportunidades às organizações e, dessa forma, pode retardar seu desenvolvimento.

## A quem delegar e até que ponto?

A delegação é recomendada para liderados que possuem as competências necessárias à realização da tarefa, ou seja, ao escolher a quem delegar, o gestor está supondo que aquela pessoa é capaz de realizar uma determinada tarefa com as ferramentas disponíveis (Lacombe & Heilborn, 2008).

É importante ressaltar que o ato de delegação possui restrições. A pessoa que delega está repassando autoridade de agir, mas não é uma autoridade ilimitada. Portanto, é preciso que os limites sejam explicitados com clareza por quem delega. Todo ato de delegação deve incluir medidas para monitoramento e revisão do trabalho, ou seja, é preciso estabelecer momentos para o feedback, pois só assim será possível corrigir rotas quando necessário. A delegação de autoridade demanda uma comunicação assertiva e sem ambiguidade (Schermerhorn, Hunt & Osborn, 2002).

Quais barreiras originadas pelos gestores impedem o processo de delegação? E pelos funcionários? Vários são os motivos, apontados pelos gestores e empregados, que impedem a delegação. Vejamos alguns, na visão de Lacombe e Heilborn (2008):

(a) da parte dos gestores:
- ❏ o medo de perder o poder e se tornar refém do funcionário costuma impedir que a delegação ocorra. Alguns gestores acreditam que seu poder está diretamente relacionado à quantidade de tarefas que executam. É sempre bom lembrar que gestores imprescindíveis não são promovidos;

- o medo de errar na escolha da pessoa ou nas tarefas a serem delegadas costuma causar desconforto e, com isso, impedir a delegação;
- necessidade – patológica – de se manter sempre em atividade;

(b) da parte dos funcionários:

- as pessoas não demonstram vontade de realizar novas tarefas. Existe ausência de iniciativa;
- o medo de assumir riscos pela decisão costuma provocar o que chamamos de "delegar para cima", ou seja, o funcionário devolve a decisão para cima;
- a preferência pela rotina ou a insegurança quanto à sua capacidade para realizar a nova tarefa. Algumas vezes isso ocorre pelo medo do fracasso.

Como podemos verificar, a delegação envolve um esforço mútuo entre gestores e funcionários e está intimamente relacionada à confiança e à motivação. Uma organização que possua em sua cultura o fomento à delegação, com toda a certeza promoverá um ambiente mais colaborativo.

A seguir, com base na literatura e na nossa experiência, elencamos alguns pontos que consideramos relevantes para uma delegação de autoridade eficaz:

- analise sistemicamente as atividades para que saber o que não precisa ser executado por você, ou seja, precisamos nos perguntar com frequência o que podemos delegar (Lacombe & Heilborn, 2008). Ressaltamos que a falta de uma visão sistêmica muitas vezes impede um gestor de avaliar quais tarefas podem ser delegadas e quais são essenciais e, portanto, devem ficar em suas mãos;
- ao escolher a quem delegar, veja as competências necessárias e também se o funcionário demonstra interesse em realizar a tarefa;

- defina até que ponto vai a autonomia de ação/decisão do empregado e crie condições de monitoramento, por exemplo, definindo relatórios que lhe permitam acompanhar o que está acontecendo. Afinal, cabe ressaltarmos que quando um gestor delega autoridade, ele não abdica de sua responsabilidade (Cooper & Argyris, 2003);
- esteja acessível e ofereça orientação, ou seja, prepare a pessoa para receber a delegação (Lacombe & Heilborn, 2008);
- determine prazos realistas e estabeleça margem de erro.

Gostaríamos também de reforçar que organizações são formadas por pessoas com anseios, medos, valores, crenças e motivações distintas, ou seja, com diferentes histórias de vida. Portanto, será aprendendo a respeitar as diferenças e percebendo que ninguém tem o poder de mudar ninguém que iremos aprender a lidar com as especificidades de cada equipe e perceber que são essas especificidades, juntas, que criam o conhecimento da empresa (Motta, 1997; Vergara, 2011).

Com o término deste capítulo, esperamos ter sido possível entender que, a despeito dos desafios diários em função das mudanças que ocorrem em seu entorno, as organizações possuem uma razão de ser e objetivos que desejam alcançar. Assim, parece-nos natural que as organizações almejem gestores que possam ser líderes de equipes que as ajudem a ultrapassar tais desafios e, por conseguinte, atingir seus objetivos – sua visão. Compreendemos, a partir da evolução das abordagens sobre liderança e das pesquisas sobre as competências demandadas dos líderes, que as organizações precisam daqueles que desenvolvam, acima de tudo, como diria Senge (2009), um raciocínio sistêmico para que possamos desenvolver equipes de alto desempenho que caminhem na direção dos objetivos organizacionais.

Assim, convidamos você, leitor, a nos acompanhar no próximo capítulo, no qual discutiremos o desenvolvimento de equipes em cenários competitivos.

# 3 | Fundamentos básicos do desenvolvimento de equipes em ambientes competitivos

Este capítulo apresenta conceitos de grupo e equipe, bem como fundamentos do comportamento de grupo e principais características e diferenciações entre grupo e equipe. Descreve estágios do desenvolvimento do grupo, caracteriza equipes de alto desempenho e orienta como implantar essas equipes na organização. Aborda a questão das equipes transculturais e, além disso, a das vivências de grupo e da escolha de técnicas a serem utilizadas nesse processo. Finaliza com abordagens que discutem a ética e a confiança nas organizações. Portanto, alguns elementos críticos da agenda de um líder são tratados aqui, para que uma reflexão consciente e objetiva ocorra.

## O valor do trabalho em equipe

Gerir equipes não é tema novo, mas na atualidade, em ambientes competitivos e extremamente dinâmicos, ao abordarmos o tema, estamos falando também de ambientes organizacionais pluralistas em que, na mesma equipe, convivem diversas faixas etárias, culturas, visões de mundo e expectativas. Frente a esse caldeirão de heterogeneidade posiciona-se o gerente, buscando equilíbrio, tratamento justo, produtividade e resultado para a organização. Portanto, vamos abordar o tema equipes buscando responder em que medida a gestão efetiva de grupos e equipes de trabalho em organizações altamente competitivas é um diferencial de grande valor.

Quando se fala em diversidade, Pereira e Hanashiro (apud Mascarenhas, 2008) referem-se a três aspectos: o primeiro é associado a identidades sociais, grupos de pessoas; o segundo refere-se a diferenças entre indivíduos; e o terceiro contempla a diversidade entre grupos e indivíduos, incluindo etnia, gênero, qualidades ou dificuldades físicas, orientação sexual, *status* familiar, renda etc. Cada categoria social não pode ser analisada isoladamente, mas compõe arranjos diferenciados, complexos, que desafiam a compreensão do gestor em momentos em que precisa identificar campanhas motivacionais, atribuir desafios e definir contratos de trabalho. Algumas crenças sobre a preferência do mercado pelo perfil jovem são verdadeiras, mas há exceções. Um exemplo recente está associado a profissionais que dominam Cobol, uma linguagem de programação surgida em 1959 e, até pouco tempo, considerada ultrapassada. Hoje, a linguagem Cobol foi resgatada nas empresas – um programador em Cobol está com seu salário subindo no mercado e é muito difícil encontrar programadores jovens com essa competência. O perfil daqueles que dominam Cobol não é o típico comumente observado nos anúncios de emprego: jovem, dinâmico, recém-formado. Na sua maioria, esses profissionais já estavam aposentados e atuaram com essa linguagem por 25 anos. E cabe uma pergunta a você, leitor: os recursos e estratégias provocadores de motivação normalmente usados nas organizações precisam ou não precisam de uma adequação a esse profissional maduro que volta ao mercado de trabalho? Quais os incentivos que valem a pena para ele? Ora, a maneira de tratar esse profissional é diferente daquela como se trata um representante de gerações mais jovens. Estão todos na mesma equipe, desenvolvendo o mesmo projeto, mas com olhares para a vida e para o trabalho muito diferentes. Um lado extremamente positivo é essa oportunidade de aprendizagem, de troca de informações sobre experiências. Encontrar um espaço comum que permita essa troca saudável representa o grande diferencial de um gestor e líder competente.

As comunidades de prática também surgem como um conceito que fortalece as relações na organização. São formadas por grupos de pessoas que compartilham interesses comuns e que, por meio de reuniões e encontros sucessivos, buscam soluções de problemas, inovações, aprendizagem e desenvolvimento. Portanto, teremos um efeito positivo de disseminação de conhecimento e boas práticas na medida em que esse espaço for bem administrado.

Sua experiência como gestor em redes sociais será uma vantagem competitiva ao administrar suas equipes. A facilidade de pertencimento e de, simultaneamente, trabalhar em vários espaços de rede poderá ajudar, e muito, seu desempenho como líder de equipes múltiplas.

Sabemos que nossa existência é relacional, vivemos e dependemos uns dos outros. O ser humano sempre viveu em grupos, podendo pertencer a um ou a vários grupos ao mesmo tempo. Você já fez uma lista dos grupos a que pertence? Já fez um balanço sobre sua satisfação com essas atividades associativas?

> **Reflexão**: Siga o modelo apresentado no quadro 1 e qualifique sua experiência.
> A partir desse balanço responda: você está satisfeito com sua posição? Gostaria de fazer algumas mudanças? Registre as categorias em que gostaria de investir mais no futuro.

Quadro 1
## MODELO DE ANÁLISE DO NÍVEL DE ASSOCIATIVISMO

| Categoria – exemplos | Detalhamento (nome e característica do grupo e periodicidade dos encontros) | Nível de comprometimento e satisfação: 1 (baixo) a 5 (alto) |
|---|---|---|
| Profissional – associação de classe, grupos de estudos, de ex-alunos. | | |
| Social – grupo de amigos de infância. | | |
| Político – associação a partido, debates comunitários, experiências de cidadania. | | |
| Familiar – almoços de domingo, jantar mensal. | | |
| Religioso – coral, grupo do dízimo. | | |
| Desenvolvimento pessoal – meditação, esportes em grupo. | | |
| Comunitário – voluntariado, assembleia de administração do prédio, consórcio de grupo, Ong. | | |
| | Total de grupos | Média de satisfação |

Saiba que redes sociais exigem manutenção, assim como as equipes. Dedique tempo na sua agenda para reforçar essas teias.

Um tema que sempre aparece quando se fala em boa gestão é coordenação de equipes. Os arranjos organizacionais de uma moderna administração capitalizam sobre equipes produtivas, equipes de alto desempenho e como gerenciá-las. Os conceitos apresentam aspectos comuns – uma ou mais pessoas envolvidas, existência de consciência da presença uns dos outros (não é uma fila de ônibus). Além disso, o que é comum a todas as definições apresentadas é que os membros de uma equipe de trabalho compartilham os objetivos e resultados; são pessoas que atuam na organização para o cumprimento de uma tarefa ou trabalho, com um ou mais objetivos comuns, mas valorizam a existência de condições que permitam também seu crescimento individual.

O efeito da interdependência nas tarefas e nos resultados do desempenho e a satisfação com o trabalho são questões relevantes quando se pensa nas equipes de trabalho. Já é senso comum que em equipes efetivas, realizadoras, tende a prevalecer maior nível de satisfação dos integrantes. No caso inverso, quando os integrantes não acreditam na efetividade das suas equipes, os níveis de satisfação são, em geral, menores. Outro fator que não deve ser esquecido é a qualidade do relacionamento entre seus membros. Meu nível de satisfação com relação ao grupo a que pertenço pode determinar minha participação, meu comprometimento, minha produtividade. Portanto, entender o processo grupal interessa a todos da organização.

A identidade também é um elemento que une as pessoas, independentemente da localização geográfica (Vergara, 2011). As equipes virtuais, portanto, não são diferentes; também precisam de uma "cola" para que seus integrantes se mantenham unidos. A força desse vínculo é tão grande que uma das primeiras providências que os mineiros soterrados em San José, no Chile, tomaram, no dia 5 de agosto de 2010, foi organizar-se como equipe e escolher um representante. Lembre-se: essa decisão foi tomada a 700 metros abaixo da superfície!

Para atuar em equipe o indivíduo passa por um processo evolutivo em que o autoconhecimento – isto é, a reflexão sobre como eu estou, como me posiciono nesse grupo – deve ser o primeiro passo para, a partir daí, estabelecer o relacionamento interpessoal. É importante ressaltar a influência que o alinhamento dos objetivos pessoais com as metas organizacionais exerce sobre o resultado dessa atuação. Depois, evolui para grupo que, ainda de forma superficial, se reúne em função de compromissos comuns e, por fim, para a equipe, como o ápice de relação interpessoal coletiva. Vamos ver agora como ocorre esse processo evolutivo que trata da qualidade das relações na equipe.

## Grupo e equipe

Ao final de um projeto, considerando sua agenda agitada, você lembra de analisar com sua equipe como foi o desempenho de todos e de cada um? Elaborar a experiência significa aprender com ela. Parar e falar a respeito, compartilhar impressões e desenhar uma estratégia para os próximos desafios. Caso contrário, podemos nos condenar a repetir os mesmos erros, e com um agravante: aquele olhar acostumado, aquele sorriso irônico que diz "eu sabia o que ia acontecer".

### Quando um grupo se transforma em equipe? Fases ou estágios de um grupo

Um grupo transforma-se em equipe quando passa a prestar atenção à sua própria forma de operar e procura resolver os problemas que afetam seu funcionamento (Vergara, 2011).

Os grupos obedecem a um ciclo de vida com etapas que pressupõem a aproximação, o começo da relação, a sustentação e a ampliação e, eventualmente, o encerramento. A definição que caracteriza uma similaridade entre o estado inicial e o final é muito feliz e apropriada para descrever o processo evolutivo dos grupos. Próximo do fechamento de um grupo, os comportamentos de afastamento de seus membros são muito semelhantes aos comportamentos iniciais da formação. Vários autores, tais como Schutz (1994) e Robbins (2004), dedicaram-se a descrever as fases do processo de formação de um grupo.

O líder deve ficar atento para identificar a fase em que está sua equipe. Deve observar que o processo recomeça com a chegada de um novo membro e que a fase dois, de controle, caracteriza-se pelos conflitos e pela necessidade de um líder exercer seu papel de mediador.

Segundo Schutz (apud Bergamini, 2005), estudioso do comportamento humano em pequenos grupos de trabalho, os indivíduos têm três necessidades interpessoais quando se associam em grupos. A primeira delas é a de inclusão, definida pelo autor como a necessidade de estabelecer e manter relacionamento satisfatório com as pessoas, tendo em vista sua interação e associação. A inclusão se dá quando todos os membros sentem que têm sua presença assegurada no grupo e sabem que sua ausência chama a atenção dos demais membros.

A segunda é a de controle, definida como o comportamento de estabelecer e manter relações satisfatórias com as pessoas em termos de controle e força. Após cada um ter assegurado sua presença no grupo, o indivíduo procura fazer-se conhecer em termos de competência pessoal e responsabilidade por determinado papel assumido, até o ponto em que, naturalmente, seja estabelecido um clima de respeito mútuo. Para Bergamini (2005:87), "em geral, nesta segunda fase podem aparecer tensões, e ultrapassá-las significa um passo além da maturidade do relacionamento das pessoas que compõem o grupo".

A terceira fase é a de abertura e afeição e, conforme Schutz, é a orientação humana natural para estabelecer e manter relacionamentos satisfatórios com outras pessoas no tocante ao vínculo afetivo. Essas necessidades exercem influência no comportamento de grupo.

A seguir, uma história real ilustra a fase de controle.

Antonio é coordenador pedagógico de uma escola que vamos denominar de Pássaro Azul. Como não foram suficientemente esclarecidas suas atribuições, ele se considera um *faz-tudo* e tem muito poder, pois o dono é muito ausente.

Um dia, com a melhor das intenções e para aliviar Antonio, o dono decide contratar um coordenador administrativo. A partir desse dia, as equipes estão vivendo um estresse diário. Por quê? Na fase de controle das equipes, isto é, definição de papéis e atribuições, começam as preocupações com espaço de poder, e qualquer indefinição provoca estresse e, consequentemente, compromete a produtividade. Pois bem, essa situação ilustra bem o que pode acontecer quando não há clareza na comunicação nessa fase. O dono da escola Pássaro Azul instituiu o dia do sorvete, o que, naturalmente, é um evento prazeroso para os alunos. O coordenador pedagógico orientou os professores no sentido de que, para evitar tumulto, o sorvete fosse distribuído nas salas 15 minutos antes do final da aula. Os professores entenderam a mensagem e aguardaram o sorvete no momento prometido. O tempo passava e nada de sorvete. Os professores foram, então, falar com o coordenador administrativo, que estava disponível no momento, e este disse que era melhor que os alunos fossem para o salão de festas e tomassem sorvete lá, pois integraria todos e não criaria confusão. Já agora os professores estavam atrasados e levaram os alunos correndo para o salão de festas. Todos engoliram o sorvete e saíram o mais rapidamente possível, pois os pais estavam na porta. Nesse momento, chega o coordenador pedagógico, que passa uma descompostura nos professores e ainda pergunta: "De que lado vocês estão?" Em suma, a equipe, que não tem nada a ver com os conflitos de poder, sofre as punições e fica com dificuldade para definir o que fazer.

**Reflexão**: Na fase do controle, papéis mal definidos causam impacto no sistema como um todo e, principalmente, nas equipes! Como você percebe, na sua organização, a atribuição de tarefas e o estabelecimento de fronteiras de atuação?

O quadro 2 apresenta a caracterização das fases de um grupo e a similaridade existente entre elas, feita por diferentes autores. Observa-se que há similaridades entre as concepções dos autores quanto a aspectos das fases e do seu ciclo de formação. Todos falam de uma fase inicial que evidencia o primeiro contato, de uma fase intermediária que se caracteriza por uma definição de atribuições e competências, e de uma fase de consolidação das relações – o estabelecimento de vínculos de confiança. Para alguns autores, há ainda uma fase de fechamento do grupo.

Quadro 2
FASES DAS EQUIPES E LIDERANÇA

| Fase | Caracterização/Autor | Liderança |
|---|---|---|
| 1. Inicial, de aproximação e formação | Inclusão (Schutz, 1994) Formação (Robbins, 2004) | Diretivo informativo |
| 2. Ajustes, conflitos, mapeamento das posições e dos papéis | Controle (Schutz, 1994) Tormenta (Robbins, 2004) Confrontação do coordenador (Lundgren, 1985 apud Moscovici, 2003) | Participativo |
| 3. Estabilização, plenitude, confiança | Abertura (Schutz, 1994) Normalização e desempenho (Robbins, 2004) | Apoiador |
| 4. Dissolução, fechamento | Interrupção (Robbins, 2000) | - |

Fonte: Adaptado de Reis, Becker Jr., Tonet & Costa (2009); Novo, Chernicharo & Barradas (2008).

Vamos agora analisar a complexidade das relações nas equipes quando adicionamos elementos associados às diferenças de cultura, formação e área geográfica.

## Equipes com integrantes transculturais

A integração dos estrangeiros e o enfoque da diversidade cultural enfrentada pela liderança no trato com suas equipes é um fenômeno frequente na atualidade e que requer cuidados, seja no processo de aceitação da nova cultura por aqueles que chegam, seja o inverso, a disposição de quem recebe o estrangeiro para facilitar sua integração ao novo ambiente. A gestão internacional de pessoas é um segmento que decorre da crescente realidade criada pela globalização das empresas e pela necessidade de se manterem competitivas, o que torna imperioso o investimento em profissionais talentosos, possuidores de competências tanto técnicas quanto aquelas que possam facilitar a integração a novas culturas e realidades organizacionais.

> Os expatriados representam um novo desenho organizacional, comum nas organizações modernas, onde o contato intercultural revela a necessidade de adaptação a novos costumes, hábitos, crenças e valores, em ambientes culturalmente diversificados [Homem & Dellagnelo, 2006:4].

Segundo estudo da Eaesp/FGV/NPP em 2000, viver em um país estranho exige disposição para aceitar o desconhecido, abertura a novas experiências, capacidade de observação, curiosidade, respeito e aceitação de realidades diferentes, além de disposição para lidar com o novo e com múltiplas perspectivas. Quando uma pessoa é transferida para outro país, além da relação com o emprego, muitas outras variáveis estão em jogo: amigos que ficam e novas amizades que serão formadas, perspectivas que se fecham no país de origem e outras que se abrem no país de destino. "É a relação com uma vida diferente, fora do seu código e de todos os relacionamentos já estabelecidos" (Freitas, 2000c:44).

Assim, um desafio que se apresenta para os líderes e para as organizações é o de lidar com a diversidade cultural e com a articulação das características e necessidades individuais dos funcionários que se deslocam entre países. Conforme Schein (2009), indivíduos que viajam entre países sentem como as pessoas pensam e agem de forma distinta, evidenciando as características próprias de cada cultura. Traços de uma cultura podem se contrapor aos de outra, gerando dificuldades para o profissional que se desloca de um país a outro, como também para aqueles que o recebem em sua cultura.

Alguns exemplos ilustram bem as diferenças existentes entre culturas: o gesto de "Ok" dos americanos, mostrando um círculo feito com os dedos, significa "zero" para os franceses, "dinheiro" para os japoneses e "vou matar você" na Tunísia (Gibson, 2002:28). O hábito do brasileiro de dizer com o polegar erguido que algo vai bem ou é positivo, em muitos países é tido como um gesto ofensivo. Já o comportamento caloroso e amigável do brasileiro e sua informalidade nas relações podem ser entendidos por alguns como uma forma de estabelecer relacionamentos duradouros e, por outros, como invasão de privacidade, podendo até assustar e agredir os estrangeiros mais desavisados e rígidos na observância das regras de etiqueta corporativa (Almeida, 2009).

A ambiguidade entre a necessidade de integração e o desejo de preservar a própria identidade cultural pode gerar conflito psicológico na medida em que o indivíduo, de um lado, é pressionado a conhecer em maior profundidade e até mesmo assimilar os hábitos do país em que se instalou e, de outro, tenta de forma racional ou emocional preservar suas origens.

A maneira de o expatriado perceber as diferenças entre sua cultura de origem e aquela na qual está se instalando determinará o grau de estresse intercultural. Questões relacionadas a idioma, hábitos alimentares, relacionamento entre pessoas, comportamentos profissionais, liberdade para dizer o que sente e pensa, maneiras de dar e receber feedback, entre outras, são potenciais causadoras de angústia e estresse (Schein, 2009).

Dependendo das políticas da gestão internacional de pessoas, os nativos também poderão ser alvo de situações estressantes decorrentes da convivência com expatriados. Não é incomum haver diferenciação no tratamento salarial dos dois grupos, predominando a tendência da remuneração principal e dos benefícios oferecidos aos expatriados serem bem maiores do que os concedidos aos nativos, em posições funcionais semelhantes ou iguais. Pagamento de moradia, plano de assistência médica classe superior, assistência jurídica, custeio de viagens e cartão corporativo são exemplos de benefícios muitas vezes pagos aos expatriados e não aos nativos.

Além da questão cultural, outros aspectos também impactam o profissional que se desloca para trabalhar em países diferentes do seu, em particular as questões legais e as variáveis que interferem em sua permanência no novo local. Com o objetivo de identificar possíveis dificuldades de adaptação de profissionais estrangeiros ao ambiente organizacional brasileiro, Isabel Stepanski (s.d.) realizou uma sondagem com alguns profissionais estrangeiros oriundos da América Latina, Europa e África.

Todos os participantes da sondagem indicaram a necessidade de haver preparação do indivíduo no que diz respeito à cultura na qual será inserido, pois a diferença cultural distancia as pessoas, e o estabelecimento de vínculos com a sociedade que recebe expatriados fica mais difícil quando estes não conhecem seus costumes. De acordo com a autora, os dados da sondagem sugerem "uma necessidade apresentada pelos expatriados de se sentirem incluídos no processo social ao qual passam a pertencer" (Stepanski, s.d.).

Outros estudos sobre a questão demonstram que essa experiência consiste em

> reassociar emoções com fatos e gestos familiares e ao mesmo tempo estranhos, aprender a ler as linhas e entrelinhas, revelan-

do simultaneamente a estranheza e a familiaridade, provocando confusão de referências, sentidos e emoções já estabelecidos [Freitas, 2000b:3].

Segundo Allain Joly (apud Chanlat, 1996), a experiência de viver em um país estrangeiro apresenta quatro fases:

❏ encantamento, fase caracterizada pelas descobertas e desafios;
❏ negativismo extremo, caracterizada pelo domínio da linguagem, para compreensão do mundo simbólico da cultura estrangeira;
❏ tomada de posição entre guardar distância ou integrar-se, constituindo a decisão entre rejeitar definitivamente a nova cultura ou tornar-se nativo;
❏ choque da volta, porque o indivíduo que retorna não é mais o mesmo que deixou sua pátria.

Outro aspecto avaliado pela sondagem realizada por Stepanski (s.d.) foi a identificação de benefícios encontrados na experiência de morar em um país estrangeiro. A imersão em uma nova cultura, além de oferecer possibilidades de emprego, pode gerar novas perspectivas de vida, e a experiência pode ser positiva tanto para a sociedade que acolhe quanto para o estrangeiro que é acolhido.

No processo de internacionalizaçao das empresas o tema distância psíquica é tratado com atenção, pois quanto menor a distância psíquica (cultura, língua, educação) mais fácil é a adaptação e mais rápida a transição para a atividade laboral de forma plena (Teixeira, Silva & Lessa, 2011). A produtividade é uma preocupação constante no mundo organizacional, e a distinção entre grupos e equipes remete a essa questão – se há diferenças e se elas podem afetar a produtividade. É o que veremos a seguir.

## Diferenças entre grupos produtivos e equipes de trabalho

Os grupos podem ser classificados em formais e informais. A primeira categoria compreende aqueles definidos pela estrutura da organização, com missões de trabalho designadas, estabelecendo tarefas. O comportamento das pessoas nesses grupos é estipulado e dirigido conforme as metas organizacionais. O grupo informal consiste em alianças que não são formalmente estruturadas nem determinadas pela organização. Esses grupos se formam naturalmente no ambiente de trabalho, em resposta à necessidade de contato social. Desta forma, prestam um importante serviço social porquanto satisfazem as necessidades sociais de seus membros. Esse tipo de interação entre os indivíduos afeta profundamente o comportamento e o desempenho de cada um (Robbins 2004).

As equipes podem se apresentar de diferentes formas (Rodrigues, 2007):

❑ *equipes funcionais* – são equipes que apresentam similaridade de funções ou atividades e atuam na mesma área;
❑ *equipes multifuncionais* – são compostas por especialistas de áreas variadas;
❑ *equipes autogerenciadas* – são equipes com vasta independência para tomar decisões. Alguns fatores contribuem para o funcionamento efetivo dessa modalidade de equipe, como o nível de maturidade, o modelo de gestão democrático e participativo, a clareza dos papéis;
❑ *equipes virtuais* – são equipes que mantêm a maior parte dos contatos via web, em geral em organizações que têm filiais em vários locais. Podem funcionar muito bem desde que haja clareza na distribuição de tarefas. Existem experiências de estrutura matricial em que uma parte da gerência é exercida presencialmente (funcional) e outra parte (projetos) é exer-

cida a distância. Curiosamente, nesse exemplo as equipes estabelecem maior interação com a equipe a distância, e essa preferência justifica-se uma vez que os gestores de projeto que ficam longe são responsáveis também pelo orçamento e pela avaliação de desempenho. Os gestores presenciais, por mais disponíveis que sejam, não detêm os poderes que são mais importantes para a equipe produzir. Portanto, a presença em si não determina influência ou gerenciamento melhor. Outros fatores influenciam a dinâmica do gerenciamento.

## Comportamento nas equipes de trabalho

Compreender as interações humanas em um grupo de trabalho demanda um conhecimento mais aprofundado das questões psicodinâmicas. Para isso, é preciso saber mais sobre a natureza dos grupos humanos e abordar pontos conceituais com base nas escolas clássicas que estudam a interação humana. O estudo dos grupos surgiu na década de 1930, quando administradores e teóricos da organização começavam a acentuar a importância dos grupos e das relações humanas na administração. Um dos pioneiros desse campo de estudo foi Kurt Lewin, que popularizou a expressão "dinâmica de grupo" (Casado, 2002).

Nas organizações, a interação humana acontece em dois níveis distintos, porém concomitantes e interdependentes: o da tarefa e o socioemocional. Segundo Moscovici (2011), o nível da tarefa compreende atividades visíveis, observáveis, acordadas tanto nos grupos formais de trabalho quanto nos grupos informais. Esse nível abrange todos os esforços para a produção de resultados em direção aos objetivos definidos. A autora enfatiza que não devemos achar que os seres humanos funcionam como máquinas. E também destaca a importância da interação entre as pessoas, o que causa alterações no desempenho dos indivíduos e do grupo.

O nível socioemocional é o responsável por sensações e sentimentos variados já existentes ou gerados pela própria convivência e atividades no grupo. Este último nível é também o responsável pela manutenção do grupo, por seu crescimento e amadurecimento e pela produtividade e satisfação de cada participante. A interação no nível socioemocional pode favorecer ou prejudicar o andamento das tarefas, o resultado do trabalho conjunto e as relações interpessoais que se formam e se desenvolvem.

Os níveis de tarefa e socioemocional representam conjuntos de forças presentes e atuantes na situação interpessoal e grupal e que exercem permanente influência recíproca. É enganoso acreditar que o comportamento humano individual serve de base para se extrair conhecimentos e conclusões sobre a atuação do grupo, pois as pessoas em grupo agem de forma diferente daquela que adotam quando estão sós. O grupo não é simplesmente a soma de indivíduos e comportamentos individuais; ele assume uma configuração própria, que influi nos sentimentos e ações de cada um, e desenvolve seu próprio processo. Caso os processos grupais ocorram num clima de afeto e respeito, o trabalho se desenvolverá a contento. Todavia, se houver comportamentos destrutivos e desagregadores, o grupo correrá o risco de desintegração. Além disso, existe um tempo para que o processo grupal se complete.

Até chegarmos a um estágio de harmonia e sintonia entre seus membros, a equipe passa por estágios ou fases de desenvolvimento. O sonho de cada líder é ter sua equipe reconhecida pela organização como destaque de alto desempenho. Vamos ver, no próximo item, suas características.

## Equipes de alto desempenho

De um modo geral, as organizações buscam o recurso das equipes para a realização de algum tipo de trabalho de natureza urgente ou com maior nível de complexidade, principalmente em situações em que há necessidade de agilizar processos e criar uma massa crítica visando alavancar processos de mudança ou obter alta efetividade. Existe uma gama inesgotável de desafios organizacionais que inspiram os gestores na mobilização de equipes em tarefas que demandam desempenho acima dos níveis convencionais.

Nesse contexto, "equipes de alto desempenho são aquelas que superam os padrões e limites convencionais e surpreendem pelos resultados que conseguem obter" (Reis, Becker Jr., Tonet & Costa, 2009:72). O conceito de alto desempenho sugere uma estrutura diferente de processo produtivo não convencional, um desempenho acima dos padrões e com características muito diversas das equipes tradicionais.

Essa categoria de equipe, de alto desempenho, tem recebido atenção especial na literatura, assim como interpretações e caracterizações diversas. Portanto, não existe unanimidade sobre a forma como se organizam e executam as tarefas. Vejamos agora como se caracterizam os *hot groups*.

Uma linha de pensamento sobre as equipes de alto desempenho é a teoria sobre os *hot groups*, a qual defende como principal característica o foco na tarefa. Segundo Lipman-Blumen (2000:3), "*hot group* é um estado mental especial", de foco na tarefa de forma apaixonada.

Como é um estado mental, qualquer grupo pode se tornar um *hot group*, desde que se coloque nessa postura, que se caracteriza pela "contagiosa disposição única, a dedicação exclusiva para fazer alguma coisa importante" (Lipman-Blumen, 2000:3).

Portanto, sentir-se desafiado pela tarefa e pela missão que ela contém é a característica marcante do estado mental dos *hot groups*, que apresentam como principais características:

❑ preocupação total com a tarefa – os membros do grupo consideram a tarefa que estão realizando muito importante e, portanto, exige sua completa e total atenção. Esses grupos não precisam de promessas externas, de alguma forma de bônus ou prêmio; para eles, o desafio próprio da tarefa já é prêmio suficiente a ser conquistado;

❑ senso de dignidade – esses grupos não são mercenários, seus componentes têm o sentimento de um propósito maior a ser alcançado, ou seja, de envolvimento em uma missão nobre. Existe a compreensão clara do objetivo a ser alcançado e a certeza de que esse objetivo é algo muito digno e importante para a organização ou para a comunidade.

Complementando, Lipman-Blumen (2000:44) alerta que "compreensão mútua, lealdade e amizade frequentemente ocorrem nos *hot groups*, mas, quando isso acontece, é o resultado, não a causa, de comprometimento com a tarefa".

A formação de *hot groups* precisa de condições especiais, que normalmente não estão presentes em organizações tradicionais onde a regularidade, a previsibilidade e a uniformidade são imperativas.

Entretanto, desde que vencidas essas resistências, os *hot groups* podem ser muito benéficos tanto para as organizações como para as pessoas que deles fazem parte, pois oferecem oportunidade de enfrentar desafios, encontrar significado nas tarefas e dignidade pelo que estão produzindo.

Características comportamentais, como entusiasmo e paixão, presentes nessas equipes podem auxiliar sobremaneira a preencher lacunas comuns nas organizações da atualidade que apresentam quadros de desmotivação e baixo comprometimento, os quais se refletem na produtividade organizacional e em diversos problemas pessoais.

Segundo Cury (2009), existe consenso de que as organizações, em algum momento, necessitam criar ou incentivar a formação de equipes de alto desempenho, que podem ter diferentes formatos dependendo dos objetivos que precisam ser alcançados.

## Como implementar equipes de alto desempenho

Denton (apud Cury, 2009) enumera quatro tipos de equipes que as organizações podem adotar:

- *equipes de resolução de problemas* – para tratar problemas imediatos, como crises financeiras, fusões intempestivas, demissão em massa;
- *equipes de projetos* – para promover eventos especiais relacionados ao atendimento da satisfação dos clientes, lançamento de novos produtos, teste de mercado, ampliação da carteira de clientes;
- *equipes de oportunidades* – vinculadas às mudanças no trabalho, no modelo de gestão, que podem ser alterações de políticas, procedimentos ou regulamentos da empresa;
- *equipes de ligação* – formadas quando há necessidade de coordenação entre diferentes áreas da empresa, fortalecendo parcerias, associações e consórcios.

Entendemos que, independentemente da abordagem que seja empregada para a compreensão das equipes de alto desempenho ou do tipo de tarefa que realizam, essas equipes são fundamentais para as organizações atingirem com eficiência os objetivos a que se propõem.

Além disso, as lideranças que atuam com essas equipes comprovam a importância de um mentor e apoiador das mesmas. A postura gerencial mais flexível e, ao mesmo tempo, objetiva contribui para o fortalecimento das equipes de alto desempenho.

Como exemplo, podemos citar a Empresa Brasileira de Aeronáutica S.A. (Embraer), criada em 1969 e privatizada em 1994, que tem destaque e premiação no cenário da aeronáutica pela inovação e pelo padrão de qualidade de suas equipes (Embraer, s.d.).

O mesmo podemos afirmar sobre o Hospital Sarah Kubitscheck, que pertence à Rede Sarah, uma das maiores do mundo em reabilitação e cujos hospitais espalhados pelo Brasil (em Belém, Belo Horizonte, Brasília, Fortaleza, Macapá, Rio de Janeiro, Salvador e São Luís) são conhecidos por oferecerem o mesmo padrão de atendimento. Todas as pessoas são tratadas com atenção e respeito. Seus profissionais de saúde trabalham em regime de dedicação exclusiva. Não há serviços terceirizados. Desde 1991 a rede tem um contrato de gestão que é renovado em função do seu desempenho. A pesquisa de opinião dos pacientes se mantém em torno de 100% de aprovação (Sarah, s.d.).

A existência de uma equipe de alto desempenho numa organização estimula a motivação de outras equipes pelo exemplo e pode representar um foco para modelagem de processos de mudança e transformação organizacional.

Ao observarmos as organizações contemporâneas pela ótica do trabalho em equipe, perceberemos que muitas mudanças vêm ocorrendo na forma como administram as questões relacionadas à gestão de seus funcionários.

A necessidade de aumentar a produtividade, reduzir custos, cumprir prazos, obter resultados e, ainda, atender e garantir a satisfação do cliente tem demandado um melhor desempenho das pessoas. Para competir de forma mais eficaz e eficiente, as organizações se reestruturaram de maneira a poderem utilizar melhor os talentos dos empregados, adotando assim o trabalho em equipes. Essas empresas estão priorizando a aquisição e o desenvolvimento da competência em equipes, pois perceberam que se produz mais a partir delas do que individualmente.

E como desenvolver capacidades para atuar produtivamente em equipe? Muitas vezes é necessário praticar, e então o trabalho vivencial é recomendado.

## Vivências para o desenvolvimento da equipe

Os representantes do mundo corporativo olham, muitas vezes, com ceticismo e ironia para propostas de desenvolvimento de equipes que envolvem atividades vivenciais (que favorecem competências interpessoais). Alguns iniciam as reuniões com a consultoria perguntando: "Será que vai haver dinâmicas? Que tipo vai ser? A minha equipe é meio resistente".

Em primeiro lugar, vamos esclarecer: dinâmica é o processo relacional em que ocorrem as vivências; portanto, a maneira adequada de nomear essas atividades deve ser "metodologias vivenciais", e não dinâmicas.

Em segundo lugar, essas metodologias devem ser utilizadas com muito cuidado e de maneira contextualizada. Experiências conduzidas de forma superficial e mal planejada podem ter um efeito constrangedor para os participantes.

A maneira adequada de utilizar as experiências vivenciais é apresentada de forma muito clara por Moscovici (2011) quando discorre sobre o processo de aprendizagem vivencial. Na opinião da autora, quatro etapas devem ser cumpridas para que a aprendizagem ocorra plenamente:

- *etapa 1* – a vivência propriamente dita, que pode ser uma simulação, a resolução de um desafio;
- *etapa 2* – análise, quando percepções, opiniões e sentimentos sobre a experiência são compartilhados;
- *etapa 3* – conceituação, que se caracteriza pela busca de significado, organizando a experiência com a ajuda do co-

ordenador, que traz conceitos para ancorar o processo de aprendizado em fundamentos teóricos;

❏ *etapa 4* – conexão, quando as experiências do jogo são comparadas com o ambiente de trabalho. Nessa etapa, os participantes trazem suas próprias conclusões e generalizações e podem gerar alternativas de mudanças no ambiente de trabalho ou realidade organizacional.

Dessa maneira, há uma otimização da experiência vivencial, permitindo que as dimensões cognitivas e atitudinais sejam mobilizadas.

## Critérios de escolha das técnicas a serem utilizadas na organização

As fases das equipes podem ser um norteador na escolha das abordagens mais adequadas. Durante a fase de inclusão, as vivências são de aceitação, focando na importância de cada participante e reforçando o pertencimento. Dessa maneira, as técnicas estão voltadas para a apresentação de cada um, o respeito à diversidade, evitando-se avaliação e competição. O perfil de cada um é importante, pois a ideia é não discriminar os participantes, seja por escolaridade, nível socioeconômico ou outra variável. Todas as atividades tipo "quebra-gelo" são oportunas, pois permitem a apresentação de características individuais que possibilitem a reflexão sobre como cada um é especial a sua maneira, o respeito à diversidade e a valorização da importância de cada um na equipe que vai se formar.

Caso a equipe esteja no estágio da inclusão, busque atividades que permitam a valorização de todos e que não discriminem seus membros. Por exemplo, se sua equipe está no estágio de inclusão e tem um perfil operacional, apresente oportunidades de integração que não exijam desempenho muito técnico ou muito elaborado que, de certa maneira, discrimina aqueles com maior dificuldade. Lembre-se de que esse estágio não é avaliativo nem competitivo.

Quando a equipe já está na fase de definição clara de papéis e fronteiras de atuação, os jogos de empresa – atividades de simulação para executivos que envolvem competição e resolução de desafios – podem ser aplicados.

E na fase de abertura, as atividades podem incluir vivências que privilegiem a escuta. Se sua equipe estabelece bons relacionamentos e vínculos e está disponível para o feedback, encarando-o como uma oportunidade de crescimento, otimize os momentos de balanço, de análise do desempenho e da elaboração de propostas de melhoria. Eis, a seguir, uma prática de elaboração da experiência inspirada nos ensinamentos de Schutz (1994).

Você pode organizar uma elaboração pós-vivência para processar o desempenho da equipe com três perguntas (ou rodadas):

❑ primeira rodada: *eu acuso* – todos acusam uns aos outros dos problemas ocorridos. Dar um tempo e, quando se esgotar o tempo estipulado, passar para o momento seguinte;
❑ segunda rodada: *eu assumo* – cada um declara sua responsabilidade pelo acontecido expressando "eu poderia";
❑ terceira e última rodada, que caracteriza a superação e o salto qualitativo para fortalecer a equipe: *nós propomos* – todos elaboram sugestões, em média três por participante, para aperfeiçoar o processo da próxima vez.

Sabemos que as vivências são poderosas, pois no contínuo da aprendizagem são situações que mais se aproximam do posto de trabalho, e seu uso adequado tem grande potencial para o desenvolvimento de competências – o pensar e o fazer se integram. E, nesse sentido, as vivências se alinham às mais atuais abordagens de transformação de equipes, como a Teoria do U (Senge, 2007). Nessa teoria, existem três estágios de aprendizado e mudança: o primeiro é o *sentir*, que envolve nossas capacidades de escuta (atividades de entrevista, diálogos, registro de percepções); o segundo é o *presenciar*, que envolve capacidades de priorização (atividades de análise, mapas mentais) e, por fim, o *concretizar*, que envolve as capacidades de criar e realizar. As vivências são grandes aliadas nesse processo transformacional.

Quando tratamos das relações interpessoais, precisamos ter sempre em mente aspectos éticos, que abordaremos a seguir.

## A ética como valor frente às equipes de trabalho e à competição

A ética no âmbito das organizações pode ser percebida por meio de duas lentes: a normativa, que, como o nome sugere, é baseada em normas, naquilo que deve ser feito e que é de domínio da filosofia; e a ética empírica, de domínio das ciências sociais, que trata do que acontece nas organizações e busca prever como pessoas e organizações se comportam (Kuper, 2006). O coordenador de equipes de trabalho deve ser a peça-chave para que sua equipe cresça num ambiente saudável e produtivo.

A postura ética da liderança frente às equipes de trabalho seguramente deve cuidar do aspecto da confiança.

A confiança, como já vimos, é a base das relações, sejam elas pessoais ou profissionais, conforme afirma Echeverria (2006), e também contempla alguns indicadores que nos permitem observar e identificar sua presença. São elementos essenciais da confiança, segundo o autor: sinceridade, que se refere a falar o que se pensa com o devido cuidado com o outro; competência, que diz respeito a ter capacidade de fazer o que se prometeu; confiabilidade, que é a constatação de que a pessoa em quem se deposita confiança é capaz de cumprir suas promessas (tem um histórico de honrar compromissos).

Numa busca de integrar diferentes visões e teorias sobre confiança, Misztal (apud Kuper, 2006:39) apresenta os desdobramentos da confiança, demonstrados em um quadro transcrito a seguir (quadro 3).

### Quadro 3
### CONFIANÇA E SEUS DESDOBRAMENTOS

| | O que faz | Como faz |
|---|---|---|
| Confiança | Traz previsibilidade | Hábitos ou rotinas<br>Sustenta reputação<br>Memória |
| | Une as pessoas | Famílias<br>Amigos<br>Sociedade |
| | Apoia as pessoas | Solidariedade<br>Tolerância<br>Legitimidade |

Fonte: Misztal (apud Kuper, 2006:39).

Um estudo de caso realizado no ramo da hotelaria mostra como o estabelecimento de uma cadeia de confiança entre os diversos membros da organização e fornecedores agiliza os processos produtivos, facilita a gestão e cria um ambiente agradável para se trabalhar (Sato, 2003). Contudo, não devemos esquecer que a confiança não emerge rapidamente; ela é construída a partir de observações, convívio, oportunidades de teste de sustentabilidade, até que se estabeleça.

Um aspecto significativo na relação entre ética e confiança, de acordo com Sato (2003:75), está nos diferentes tipos de interação e seus impactos na confiança:

❑ interações baseadas no interesse pessoal que podem eventualmente afetar a confiança. Um exemplo comum ocorre

nas relações comerciais quando o vendedor pode querer "empurrar" um produto, interessado na comissão e não nas necessidades do cliente;
❑ interações baseadas em interesses pessoais e mútuos, que são baseadas na confiança previsível. Um exemplo ocorre em grupos de carona solidária, atividades de grupo que pressupõem revezamento, em situações que hoje tornam o indivíduo doador e, na próxima oportunidade, receptor do benefício. Organizações, quando estabelecem parcerias, o fazem contando com benefícios e concessões para ambas as partes de maneira simétrica e justa;
❑ interações em que o interesse do outro é o principal. São exemplos os doadores de sangue e os grandes benfeitores da humanidade, como madre Teresa, Mandela e tantos outros.

Analisamos, neste capítulo, as equipes e sua importância para uma gestão adequada. Abordamos os fatos de que elas respeitam um ciclo de desenvolvimento e formação e de que o líder precisa estar atento para as diferenças individuais e diversidade de perfis. Desenvolver uma equipe de alto desempenho é possível, desde que a liderança cuide rotineiramente das questões comportamentais e éticas.

# 4

# Ferramentas da gestão de pessoas em ambientes competitivos

O presente capítulo aborda as principais ferramentas usadas na gestão de pessoas, incluindo a identificação e seleção de pessoas, o plano de remuneração e de benefícios, o sistema de avaliação do desempenho e o plano de capacitação e desenvolvimento. Insere, nesse conjunto de ferramentas, o *pipeline* de desempenho de liderança, que permite potencializar tanto a ferramenta capacitação e desenvolvimento como a avaliação de desempenho. E dá destaque especial às práticas de comunicação interna e endomarketing e às metodologias de negociação e administração de conflitos, devido à relevância que assumem como suporte para as demais ferramentas de gestão de pessoas. O capítulo é finalizado com a abordagem da gestão de redes de relacionamento, entendida como uma ferramenta útil para suprir, divulgar e compartilhar informações rapidamente.

## Significado do termo ferramenta

O termo ferramenta tem sentido amplo, aplicando-se a diferentes situações. Por exemplo, podemos falar em ferramentas de contabilidade, incluindo balancetes, controle de estoques e de caixa, entre outros. Instrumentos musicais podem ser identificados como ferramentas para os profissionais que deles se utilizam em sua arte. A voz pode ser denominada ferramenta do cantor. Um conjunto de conhecimentos, uma determinada habilidade e um software podem ser apresentados como ferramentas nas áreas a que dizem respeito. Assim, podemos identificar como ferramentas de gestão de pessoas os conjuntos de conhecimentos e práticas que, nas organizações, viabilizam ou facilitam a gestão de indivíduos e equipes de trabalho.

À medida que crescem e se aperfeiçoam os estudos sobre as organizações, o uso de ferramentas gerenciais tem sido intensificado e melhor explorado, com o intuito de gerar maior eficiência e resultados nas relações de trabalho. Um exemplo é o cuidado com que hoje muitas organizações planejam a construção de sistemas para avaliar o desempenho de seus empregados, pois sabem que é resultante de variáveis como a autonomia que lhe é dada, o preparo que possui para fazer o que dele é esperado, a informação que lhe é repassada sobre o que deve fazer e sobre o contexto da organização e o clima organizacional existente, entre outras. Além disso, a configuração do sistema utilizado deve gerar informações diretamente voltadas para atender às necessidades e aos propósitos das organizações.

Isso significa que o maior conhecimento gerado por estudos e pesquisas sobre variáveis que podem interferir nos resultados organizacionais permite concluir que o uso de ferramentas gerenciais específicas, como a avaliação de desempenho, deve ser revestido de cuidados apropriados para que estas não percam a funcionalidade e a confiabilidade. Na sequência, abordaremos a gestão de pessoas.

# A gestão de pessoas

As organizações só conseguirão se destacar nos mercados, ganhar projeção frente aos concorrentes e se manter inovadoras se contarem com pessoas aptas a concretizarem esses objetivos. Por outro lado, a satisfação que decorre do trabalho realizado, a possibilidade de crescimento em uma carreira, o ganho financeiro que permite atender aos propósitos pessoais e familiares geralmente são concretizados por meio de vínculos com organizações.

São as pessoas que viabilizam os resultados organizacionais e, para tanto, devem estar bem-informadas, preparadas, motivadas e conscientes de que são responsáveis pelos resultados da organização para a qual trabalham. Capacitação, oportunidades para compartilhar conhecimento, reconhecimento e valorização, avaliação sistemática e feedback sobre o desempenho apresentado, retribuição compatível com o esforço e comprometimento, processos adequados de trabalho, tecnologia compatível com o trabalho realizado e informação atualizada são exigências feitas por bons profissionais e características inerentes às boas práticas da gestão de pessoas (Morin & Aubé, 2009).

Existe, entre organizações e pessoas, uma relação de reciprocidade que tanto dá suporte aos resultados e conquistas como exige atenção e cuidados de ambos. Segundo Siqueira (2005), a norma de reciprocidade e as trocas sociais têm influências nas relações entre empregados e organização. Na relação estabelecida entre empregado e organização existem expectativas de reciprocidade, trocas e benefícios mútuos.

A organização espera que o trabalhador apresente comprometimento, lealdade, bom desempenho e resultados efetivos. O empregado, por sua vez, espera que seus esforços sejam valorizados, que a organização lhe ofereça oportunidades de desenvolvimento e que retribua seus esforços com valores financeiros que, no mínimo, lhe permitam suprir suas necessidades básicas e viver com certo conforto.

A forma como as pessoas agem nas organizações, o cuidado com que executam suas atividades, como priorizam o uso do tempo, as decisões que tomam ou deixam de tomar a maneira de atender aos clientes variam de organização para organização. Essa variação guarda relação com as políticas de gestão e com os sistemas ou ferramentas utilizados.

A definição de políticas de gestão de pessoas é o primeiro passo para a adoção de ferramentais gerenciais que levem à formação de vínculos e atendam às expectativas de reciprocidade entre empregados e organizações. Políticas são direcionamentos estabelecidos para orientar a gestão realizada, evitar perdas e riscos indesejáveis, melhorar desempenhos e garantir resultados.

A principal finalidade das políticas de gestão de pessoas é dar sustentação ao planejamento e à prática de ações que envolvem o capital intelectual das organizações, de forma a estimular a motivação das pessoas e a fazer convergir seus esforços para o cumprimento dos objetivos organizacionais.

As políticas não são os sistemas ou ferramentas de gestão de pessoas, mas fornecem as principais orientações sobre o que os sistemas devem conter e os benefícios e resultados que devem gerar. São postulados que orientam as práticas de gestão, assegurando que ocorram de acordo com a missão organizacional, com os objetivos da instituição e com as aspirações das pessoas. Comunicam os propósitos da organização em relação à gestão de pessoas e expressam os resultados, ações e comportamentos que espera obter como retorno de sua prática. Referem-se às decisões de como as organizações decidem lidar com seus empregados ou colaboradores externos. São definidas nos níveis hierárquicos mais altos.

> **Reflexão:** Como são suas relações com a empresa em que trabalha? O que ela exige de você? E o que você espera que ela faça em troca?

A seguir vamos descrever as principais ferramentas usadas na gestão de pessoas:

- identificação e seleção de pessoas, consideradas hoje de vital importância para que as organizações consigam captar os perfis profissionais de que necessitam para serem competitivas;
- remuneração e benefícios, responsáveis por garantir a manutenção e fidelização de indivíduos e equipes de trabalho;
- gestão de carreiras, que representa um desafio para as organizações que desejam reter os melhores talentos;
- treinamento e desenvolvimento, que garante a aquisição e atualização das competências de que as pessoas precisam para o enfrentamento dos desafios a que são submetidas;
- sistema de avaliação do desempenho, que além de mensurar a contribuição das pessoas para os resultados organizacionais, identifica o potencial que apresentam para desempenhos em áreas novas e mais complexas.

A descrição feita é destinada aos líderes e gestores, não aos técnicos ou profissionais das respectivas áreas a que as ferramentas se referem. A abordagem terá como foco a gestão, sendo discutidas informações que permitam o reconhecimento das ferramentas e auxiliem nas decisões a elas relacionadas. Não serão tratados aspectos referentes a planejamento, construção, implantação e operacionalização das ferramentas, que poderão ser encontrados em livros que abordam os temas, como Dutra, 2010; Dutra e Miroski, 2008; Hanashiro, Teixeira e Zacarelli, 2007; Wood Jr. e Picarelli Filho, 2004; Zanelli, Borges-Andrade e Bastos, 2004; e outros.

## Identificação e seleção de pessoas

A identificação tem como finalidade localizar as fontes de pessoas que possam atender às necessidades das organizações. Comporta as práticas e os processos usados para atrair candidatos para as vagas existentes ou potenciais oferecidas. É geralmente feita em uma unidade centralizada, que tem como principal finalidade localizar perfis profissionais que se destacam no mercado e que possam ser incorporados ao corpo de empregados já existente. É uma atividade permanente na maioria das empresas competitivas, podendo ser interna à organização, externa ou mista.

A seleção busca localizar de forma adequada aqueles que melhor atendam às necessidades da organização, servindo como um filtro que permite dimensionar e orientar o desempenho futuro das pessoas que ingressam na empresa. As práticas de seleção mais atuais buscam identificar nos candidatos a posse de competências compatíveis com as demandas da posição funcional ou da área na qual será alocado o profissional selecionado.

A identificação interna ou o recrutamento interno dá prioridade aos funcionários que já estão vinculados à empresa e desejam progredir na carreira, mudar de posição funcional ou de área de trabalho. É uma prática recomendada por estudiosos da gestão de pessoas, pois tende a estimular a motivação dos funcionários e a contribuir para o comprometimento com o trabalho. Ao saber que a empresa oferece oportunidades de deslocamento e crescimento dentro da estrutura organizacional, o profissional poderá se empenhar no trabalho que realiza e apresentar desempenhos melhores. A identificação e a seleção de pessoas poderão contribuir tanto para a manutenção como para a renovação de perfis profissionais e da própria cultura da organização.

## Remuneração e benefícios

A remuneração tem como finalidade última garantir o cumprimento das ações dos empregados voltadas para a concretização dos resultados organizacionais. Tem como princípios a atração e manutenção dos melhores profissionais necessários à organização, a recompensa do efetivo desempenho apresentado, a vinculação do desempenho às metas da organização, o incentivo e estímulo aos comportamentos necessários à realização das metas, a vinculação ao desenvolvimento das pessoas e equipes de trabalho (Hanashiro, Teixeira & Zaccarelli, 2007). De forma geral, representa o maior componente do custo operacional da maioria das empresas.

O pagamento de um salário fixo, determinado pelo cargo ocupado e pela complexidade das tarefas realizadas e ajustado ao mercado, é a forma mais tradicional de a empresa pagar pelo trabalho realizado pelos empregados. Por outro lado, é a forma de remuneração que menos permite fazer a gestão do desempenho e estimular maiores contribuições das pessoas. Russo, Viana e Hall (2009) consideram que o estilo de remuneração tradicional – que considera divisão rígida de funções e tarefas, no qual as linhas de autoridade e responsabilidade são bem-definidas – inibe a criatividade e o espírito empreendedor, mantendo um estilo burocrático de gestão.

As práticas mais recentes tendem a considerar mais o indivíduo, as competências que possui, a autonomia com que trabalha, o valor que poderá adicionar ao trabalho que realiza e as contribuições que poderá dar para os resultados da empresa. É bom lembrar que, no passado ainda próximo, a complexidade e a hierarquia dos cargos é que serviam como base para a fixação dos valores pagos aos seus ocupantes.

A remuneração variável, vinculada a metas de desempenho individual, de equipes ou da organização, considera formas de remuneração de curto e longo prazos. As comissões e a participação nos lucros e nos resultados são exemplos de remuneração variável de curto prazo. O bônus pode ser lembrado como uma forma de remuneração variável de longo prazo.

A remuneração estratégica, modelo já muito usado, permite a combinação de diferentes formas de remuneração: funcional, salário indireto, remuneração por habilidades, remuneração por competências, previdência complementar, remuneração variável, participação acionária e outras (Wood Jr. & Picarelli Filho, 2004). Políticas adequadas de remuneração tendem a evitar evasão de talentos humanos e a garantir que as pessoas se mantenham satisfeitas no trabalho (Xavier, Silva & Nakahara, 1999). Pesquisas salariais sistemáticas permitem que as empresas mantenham tanto o equilíbrio externo com o mercado como o equilíbrio interno, no tocante à remuneração dos funcionários. Um recurso adicional à retenção de talentos é a gestão de carreiras, um campo que vem passando por grandes mudanças em sua concepção, mas pode garantir alguma tranquilidade para as organizações atrativas nesse aspecto (Dutra, 2010).

Os benefícios concedidos pela empresa funcionam como estimuladores da motivação e da adesão das pessoas, caracterizando-se, também, como fator de redução do *turnover* e de retenção de talentos. São práticas adotadas para atender a necessidades dos funcionários e, muitas vezes, de seus familiares, tendo como finalidade gerar tranquilidade e bem-estar para as pessoas e aumentar o poder de atração e retenção da organização. São recompensas que não envolvem pagamento em dinheiro, mas em serviços prestados ao funcionário e pagos pela empresa. Assistência médica e odontológica, seguro de vida, auxílio creche, auxílio farmácia, previdência privada, auxílio funeral e taxas escolares, entre outros, são exemplos de benefícios.

Uma prática que se tem mostrado eficaz é a flexibilização dos planos de benefícios, uma alternativa que permite a escolha, dentro de parâmetros estipulados pela empresa, dos itens que comporão sua cesta de benefícios (Flannery, Hofrichter & Platten, 1997). Os planos flexíveis supõem maturidade da empresa e das pessoas para o estabelecimento e gestão dos benefícios. Tais planos dão a opção de selecionar, entre os benefícios disponíveis, aqueles que melhor possam atender a suas necessidades, expectativas e estilo de vida (Xavier, Silva & Nakahara, 1999; Wood Jr. & Picarelli, 2004).

Estudos têm revelado que os benefícios funcionam como fator de decisão para a permanência de empregados na empresa ou para a aceitação de uma nova oportunidade de trabalho (Nascimento & Carvalho, 2006). Os benefícios têm impacto direto sobre a segurança e as condições de vida do empregado e, muitas vezes, de sua família, pesando no julgamento que faz da empresa e nas decisões que toma em relação à carreira profissional (Lacombe, 2005). A concessão de benefícios que complementem os salários pode ter a conotação de valorização do empregado.

"Dos horários flexíveis aos salários e benefícios justos, passando pela partilha de informações essenciais, a empresa demonstra que se importa com as pessoas" (Renesch, 1996:124).

## Gestão de carreiras

O conceito de carreira mudou muito a partir da década de 1980. Até então, a carreira era gerida pelas organizações, pois tinha como princípio a ascensão profissional em uma única organização, o que lhe conferia o caráter de carreira organizacional, pois restringia as ocupações a uma estrutura hierárquica formal. Eram exceções as carreiras liberais.

Assim, na visão tradicional, a carreira é associada ao caminho que os indivíduos percorrem em sua profissão, podendo ser definida como uma sequência estruturada de passos profissionais, em que cada passo comporta diversas atividades e exigências, que se tornam mais complexas à medida que o indivíduo caminha no sentido do topo da carreira (Dutra, 2010).

O termo "carreira", entretanto, hoje pode ser usado com diferentes sentidos, por exemplo:

- referindo-se a uma situação de estabilidade funcional, como a carreira de médico, economista ou piloto;
- referindo-se à mobilidade profissional, evidenciada pelo caminho trilhado por alguém a partir de opções que o levam a mudar de atividade ou área em uma organização ou a mudar de organização para a qual trabalha;
- referindo-se a um crescimento profissional, em que a mudança é de *status* ou posição na hierarquia das organizações; ou, ainda,
- referindo-se ao sequenciamento de carreiras, fato que hoje já é comum, como no caso de alguém que vive uma carreira na área privada, desliga-se e assume outra carreira na área pública, aposenta-se e passa a atuar profissionalmente como consultor. Neste caso, fala-se também em segunda e terceira carreiras.

O modelo tradicional de carreira era compatível com o contexto de estabilidade do mundo dos negócios e com as estruturas de grandes organizações. Nele, prevalecia o emprego estável como sinônimo de trabalho e a carreira, única e longa, como objetivo de vida. As organizações possuíam diversos níveis hierárquicos e, de forma geral, as carreiras começavam nos níveis mais baixos e finalizavam em níveis mais altos da hierarquia.

As incertezas e mudanças trazidas pelo mundo contemporâneo, em particular a exigência de flexibilidade, tanto permitiram que médias e pequenas empresas se tornassem competitivas e disputassem significativas parcelas de mercado como forçaram as grandes organizações a reduzirem o número de níveis hierárquicos das suas estruturas, alterando a perspectiva e a longevidade das carreiras profissionais, que passaram a ser mais horizontalizadas ou em espiral, mais curtas e de acesso mais rápido.

As pressões decorrentes da realidade atual das organizações e do mundo dos negócios fizeram transparecer questões pouco discutidas sobre o trabalho, como a subjetividade. Fala-se hoje em carreira subjetiva, "aquela que é movida pelas paixões e motivações, pelo entendimento das próprias habilidades, pela identidade e conexão com outras pessoas" (Dutra, 2010:199). Embora o trabalho possa ser desgastante e causar sofrimento, é também uma forma de o homem aplicar conhecimentos e demonstrar habilidades, de expressar sua capacidade de criar; é fonte de prazer e realização, fator de desenvolvimento e equilíbrio pessoal (Dejours, Dessors & Desriaux, 1993). Outro produto dessa realidade é também a carreira em fronteira, modelada pelo próprio profissional, uma forma que, além de se ajustar a demandas de organizações atuais, permite melhor atender às necessidades materiais e subjetivas de muitos indivíduos.

Um grande desafio das organizações e de seus líderes é reter os melhores talentos. Daí a preocupação com a carreira. Para se manterem competitivas, as organizações precisam de pessoas talentosas que, de forma geral, conhecem o próprio valor, são ambiciosas, querem crescer e progredir profissionalmente; pessoas que sabem a quem oferecer as competências que possuem. Criar oportunidades de carreira e crescimento profissional é estratégia que denota lucidez e visão prospectiva. Em mercados competitivos, se a empresa não oferecer condições que permitam reter os bons empregados, é quase certo que procurem trabalho junto aos concorrentes.

### Carreiras sem fronteiras

A carreira sem fronteiras é um modelo que vem ao encontro das necessidades das organizações e das expectativas de muitos profissionais, que buscam administrar a própria carreira, diferentemente do que ocorria num passado bem próximo. Segundo estudo da FGV/Eaesp/GVpesquisa (Lacombe, 2005), a carreira sem fronteiras supõe o desenvolvimento, entre a organização e os indivíduos, de uma relação independente e transacional, em que ocorrem trocas de trabalho por remuneração estipulada. A mobilidade profissional da pessoa é um requisito: quem tem maior mobilidade profissional terá chances melhores de desenvolver carreiras sem fronteiras. Nesse novo modelo deixam de valer as regras que davam suporte à estruturação das carreiras tradicionais. Agora, cabe ao indivíduo a responsabilidade pelo aprofundamento e pela diversificação de seus conhecimentos e experiências e,

> para tanto, é necessário investir em competências como o *know-how* (o conhecimento, a técnica), o *know-why* (as motivações para o exercício do trabalho) e o *know-whom* (a rede de relacionamento) [Lacombe, 2005:6].

O significado das três expressões dá, no conjunto, uma ideia do que é exigido do profissional que assume uma carreira sem fronteiras. *Know-whom* refere-se ao conhecimento teórico e prático que o profissional deve possuir da sua área, supondo aprendizagem e atualização profissional contínuas, o que significa ser capaz de, sistematicamente, abandonar práticas já dominadas e adquirir outras, mais atuais, eficazes e apropriadas ao momento. Em relação ao *know-whom*, os profissionais precisam buscar o aumento de sua rede de relacionamentos, de forma a se manterem em evidência e, assim, alimentarem o fluxo de demandas ou possibilidades. Quanto ao *know-why*, está relacionado está relacionado ao porquê, ou seja, ao sentido que o profissional constrói para sua vida profissional, às razões que o motivam a trabalhar.

Para Dutra (2010:199), "o indivíduo deve agora saber aprender, ser adaptável e flexível às novas transformações do mercado e às novas oportunidades de trabalho", o poderá ser facilitado pela sua rede de relacionamentos, mas que sempre estará atrelado a sua identidade, ou seja, ao conjunto de atributos que distingue um profissional e o torna referência entre os demais.

Já as empresas devem estar em constante adequação às mudanças ambientais, o que, consequentemente, leva os indivíduos a adaptarem suas identidades de acordo com o trabalho e a buscarem o aprendizado contínuo [Dutra, 2010:199].

> **Reflexão**: O que você pensa a respeito da carreira tradicional e da carreira sem fronteiras? No seu trabalho, que tipo de carreira prevalece?

## Treinamento e desenvolvimento

A literatura sobre treinamento e desenvolvimento é muito ampla, não existindo, do ponto de vista teórico, consenso que permita distinguir com clareza esses dois construtos. Mesmo profissionais que trabalham na área encontram dificuldade para fazer a distinção de grande parte das ações que pertencem a um e a outro. Essa dificuldade tende a gerar esforços cujos resultados nem sempre são os esperados, acarretando insatisfações e prejuízos.

Segundo Vargas (1996), autora que agrupa os dois conceitos dando a eles o mesmo sentido, treinamento e desenvolvimento referem-se à aquisição de conhecimentos que, por meio da aprendizagem de novas habilidades e da internalização de conceitos, valores e normas, poderão provocar mudança na forma de ser e de pensar do indivíduo.

Tanto o treinamento quanto o desenvolvimento são ferramentas de gestão que estimulam a melhoria da eficiência e da produtividade, permitindo que os indivíduos e equipes de trabalho se mantenham aptos ou se preparem para fazer o que deles é esperado dentro dos padrões desejáveis de acerto e qualidade.

O treinamento, de forma geral, pode ser entendido como uma atividade voltada para o presente, visando suprir lacunas de aprendizagens relacionadas com o trabalho que o indivíduo realiza ou com atualizações exigidas para que o desempenho se mantenha adequado. Tende a ser voltado para o cargo que a pessoa ocupa, visando ao desempenho imediato.

De acordo com Rosemberg (2001), o treinamento permite direcionar a aprendizagem quando, por exemplo, se deseja apoiar a aquisição de uma determinada habilidade ou obter um nível desejado de proficiência. O autor indica quatro elementos principais no treinamento:

❑ a intenção de melhorar um desempenho específico, derivada de um processo de avaliação, como o levantamento de necessidades de treinamento ou a avaliação de desempenho;
❑ o desenho da estratégia instrucional que melhor possa atender à situação em estudo, incluindo os procedimentos de ensino e as formas de mensuração dos seus resultados;
❑ os meios pelos quais a instrução é entregue – sala de aula, tecnologias utilizadas, roteiros de estudo, vivências, casos para estudo e outros;
❑ a avaliação, considerando diferentes níveis de exigência e complexidade.

Em organizações que operam com foco mais estratégico, o treinamento não fica restrito à melhoria do desempenho na função, voltando-se, também, para a formação e o desenvolvimento de competências que levem a ampliar a área de atuação da pessoa. Por exemplo, organizações que pretendam introduzir mudanças operacionais, adquirir tecnologias novas ou diversificar produtos e serviços com os quais trabalham poderão evitar retardamentos, estresses e prejuízos desnecessários com a adoção de treinamentos que, antecipadamente, preparem os empregados para as novas situações que deverão enfrentar.

As ações de desenvolvimento estão mais relacionadas com situações novas e com aprendizados que a pessoa não possui e que deve adquirir, para enfrentar desafios em áreas desconhecidas. O desenvolvimento de pessoas é um conceito mais amplo, que pode envolver funções e estratégias diferentes das utilizadas no treinamento, como a aprendizagem autodirigida, grupos de estudo e discussão, compartilhamento de melhores práticas, visitas técnicas, viagens de observação e outras.

A crescente preocupação com o desenvolvimento está relacionada à dinâmica das organizações contemporâneas e suas estratégias para gerenciar e se antecipar às mudanças ambientais. O desenvolvimento engloba o treinamento, na medida em que este permite que a pessoa se desenvolva, mas é maior do que ele. Entretanto, o desenvolvimento não exclui o treinamento, pois mesmo tendo usufruído de muitas oportunidades de se desenvolver, é possível alguém apresentar lacunas de habilidades ou de conhecimentos que devam ser preenchidas por meio de treinamento.

## Avaliação do desempenho

A finalidade dos sistemas de gestão e avaliação de desempenho são estimular a melhoria dos desempenhos apresentados e distinguir e recompensar os desempenhos relevantes para as organizações. A avaliação do desempenho também é utilizada como recurso para identificar e sanar carências de competências que possam comprometer os resultados esperados de cada pessoa e das equipes de trabalho.

Empresas que atuam em ambientes competitivos, de forma geral, avaliam os resultados apresentados pelos empregados considerando as competências que possuem e que efetivamente disponibilizam ou entregam para a organização (Dutra, 2004). A entrega da competência pode ser identificada na solução encontrada para um problema, em uma forma diferenciada de agir, na maneira de negociar um serviço, na inovação introduzida em um produto, entre outras formas. A competência entregue fica na organização, aumenta sua expertise, enriquece seu patrimônio de conhecimento e soluções para o cliente.

Embora não seja difícil distinguir o desempenho correto do desempenho indesejado, ou apontar aqueles dois ou três indivíduos que apresentam desempenho abaixo da média, a prática demonstra ser impossível avaliar efetivamente o desempenho sem considerar o contexto em que ele ocorre. As metodologias tradicionalmente usadas, de uma forma geral, focalizaram o desempenho dissociado de seu contexto, ou seja, da situação em que ocorre. A ênfase maior esteve sempre na avaliação, e muito pouco se tratou da gestão do desempenho.

Os sistemas tradicionais de avaliação de desempenho têm, muitas vezes, gerado mais questionamentos sobre a validade e pertinência dos mesmos do que respostas para as questões relacionadas à melhoria do desempenho e à necessidade de oferecer feedback às pessoas.

A prática da avaliação de desempenho deve ter como premissa a consideração e o respeito pelas pessoas. Deve reconhecer que os funcionários são agentes estratégicos da empresa e que os procedimentos da avaliação devem ter como foco prioritário o acerto, de forma a reforçar as contribuições positivas dos empregados. Em segundo plano, embora não menos importante, a avaliação deve contribuir para sanar erros e identificar falhas de comunicação com os empregados e lacunas de competências por eles apresentadas (Lopes, 2009).

Os sistemas de gestão e avaliação de desempenho geralmente são modelados com quatro etapas: negociação, entre a chefia e o empregado, das metas e resultados esperados no período;

acompanhamento do desempenho, feito pela chefia; avaliação do desempenho, caracterizada pelo registro formal dos resultados apresentados no trabalho e, por fim, ações corretivas ou de desenvolvimento, relacionadas ao desempenho apresentado. A partir daí o ciclo é reiniciado.

Muitas vezes os sistemas de avaliação de desempenho são introduzidos de forma unilateral, sem a participação daqueles que serão avaliados, não ficando claro o papel de tais sistemas na gestão de pessoas. Devido a isso, geram desconfiança e o sentimento de que a organização está introduzindo mais um instrumento de controle, em vez de um recurso para a melhoria do desempenho e para a identificação de competências que devam ser adquiridas ou desenvolvidas.

É bom lembrar que a análise de grande parte das práticas de avaliar desempenho indica algumas causas que comprometem os resultados dos sistemas de avaliação, sugerindo a busca de caminhos que efetivamente permitam satisfazer a necessidade que as organizações têm de avaliar o desempenho no trabalho e o direito das pessoas de receberem informações sobre o desempenho que devem apresentar. Entre outras, o insucesso de muitos sistemas de avaliação de desempenho pode ser atribuído a causas ligadas à sua própria construção, à escolha de métodos inadequados para as situações que devem ser avaliadas e à forma incorreta de conduzir o processo de avaliação. Na seção seguinte abordaremos a avaliação com foco no acerto, uma prática não só esquecida, mas, muitas vezes, desconhecida pelos avaliadores.

### Avaliação de desempenho com foco no acerto

O desenvolvimento das pessoas exige que tenham oportunidade e sejam capazes de partilhar suas fraquezas e forças, num processo transparente e cooperativo, que lhes dê segurança para se exporem e estímulo para se esforçarem por aprender e mudar. A avaliação de desempenho é um instrumento para isso, quando se propõe a clarificar e acompanhar o que as pessoas devem fazer, oferecendo feedback sobre o desempenho que apresentam, em particular o desempenho correto. É equivocado pensar na avaliação de desempenho como recurso para apontar unicamente falhas e erros. Se assim for usado, poderá apenas reforçar esses aspectos.

Entendemos que o principal foco da avaliação de desempenho deve ser o acerto, aquilo que o empregado faz bem, em particular os aspectos positivos em que ele se distingue e que contribuem para ser considerado um bom profissional. Dessa forma, a avaliação estará estimulando os empregados a buscarem continuamente aperfeiçoar o bom desempenho que já apresentam. A prática da avaliação de desempenho tem mostrado que os avaliadores enfatizam os aspectos do desempenho que devem ser corrigidos, as lacunas de competência, mas deixam de ressaltar as contribuições efetivas e os sucessos alcançados pelo empregado.

Organizações que atuam em ambientes competitivos, enfrentando mudanças muitas vezes intempestivas, precisam desenvolver estratégias que permitam conduzir tais mudanças por meio das pessoas, e não apenas gerenciar o desempenho das pessoas de acordo com as mudanças. Assim, a avaliação de desempenho deverá estar ancorada em estratégia que considere pelo menos três variáveis: o reforço do acerto e dos diferenciais desejáveis de desempenho; a obtenção de resultados pelo desempenho, como forma de garantir os propósitos organizacionais e benefícios para o empregado e a equipe de trabalho; o compartilhamento e a celebração dos bons resultados e conquistas, como forma de estimular o envolvimento de todos e pontuar exemplos do que a organização espera que seja perseguido.

No item a seguir serão apresentadas informações sobre o *pipeline* de desempenho de liderança, uma metodologia que permite potencializar tanto a ferramenta capacitação e desenvolvimento quanto a avaliação de desempenho. Embora possa ser usado com ajustes em situações de desempenho técnico, o *pipeline* é uma ferramenta voltada essencialmente para o desempenho da liderança.

## Pipeline de desempenho de liderança

O *pipeline* de desempenho de liderança é uma estrutura de formação e desenvolvimento de líderes que vem ganhando espaço em decorrência da busca por talentos capazes de prover às organizações melhores níveis de competitividade e sustentabilidade. Muitas empresas já descobriram que a conquista de clientes e mercados não é o maior problema que enfrentam; o que muitas vezes lhes falta são pessoas preparadas para mudar suas rotinas de trabalho e assumir novas responsabilidades, atendendo a padrões competitivos de inovação, qualidade e prazo.

Um grande desafio para as organizações é o desenvolvimento de pessoas que não somente saibam como reagir às mudanças, mas que se mantenham no comando, garantindo o rumo dos negócios. Pesquisa realizada pela Henley Business School (2010), do Reino Unido, mostrou que o desenvolvimento de habilidades de liderança na média gerência está entre as duas principais prioridades para 67% dos 2.500 executivos de RH entrevistados. Esse mesmo total de executivos respondentes apontou a gestão de mudanças como a outra grande habilidade a ser desenvolvida.

Além da urgência, outro aspecto da demanda de preparo é a especificidade, o que nos permite dizer que cada empresa é única e, assim, precisa de líderes modelados segundo sua realidade. Como poderemos ver mais adiante, o *pipeline* é definido considerando a realidade da organização e de cada indivíduo em desenvolvimento. Quando construído de forma sistemática, permite que a organização forme um banco de lideranças pronto para ser acionado sempre que surge uma nova frente de trabalho ou um novo negócio, ou que um líder se desliga em busca de novos objetivos para sua carreira ou por outra razão incontrolável pela empresa.

Será bom não esquecer que ambientes altamente competitivos tendem a exigir a presença de profissionais líderes na organização toda, não apenas em posições estratégicas. Ao contrário do que se possa pensar precipitadamente, a atuação em rede não dilui nem reduz a responsabilidade das pessoas por iniciativas e decisões; na verdade, acentua a demanda por tais competências, que tradicionalmente ficavam no âmbito dos postos de trabalho estratégicos.

A construção do *pipeline* de liderança considera os diferentes níveis hierárquicos ou camadas hierárquicas da organização, focalizando as diferenças de desempenho exigidas em cada nível. Uma grande organização terá, em média, seis níveis (Charan, Drotter & Noel, 2009), cada um deles constituindo um nível de passagem no *pipeline*. Além disso, a análise de cada nível deverá contemplar três dimensões: habilidades necessárias para as atividades que deverão ser realizadas; quantidade de tempo alocado nas principais atividades; e áreas que o líder deverá valorizar. Para Charan, Drotter e Noel (2009:7), "cada passagem requer que as pessoas adquiram uma nova forma de gerenciar e liderar e deixará as formas antigas para trás".

As dimensões indicadas fazem referência às três variáveis fundamentais consideradas no *pipeline* de desempenho: as habilidades, que dizem respeito às exigências decorrentes das novas responsabilidades; o tempo, cuja aplicação está relacionada com a grade de horários que o líder deverá definir para realizar seu novo trabalho; e as áreas a serem valorizadas, que dizem respeito às crenças do líder sobre o que é importante na nova função.

A figura 3 exemplifica os principais níveis ou camadas hierárquicas e as passagens profissionais críticas em uma grande organização. Conforme Drotter (2011), cada organização poderá construir o modelo que melhor atenda a suas necessidades, e o modelo de uma grande organização poderá ser adaptado para organizações médias e pequenas.

Figura 3
PASSAGENS PROFISSIONAIS CRÍTICAS EM UMA GRANDE ORGANIZAÇÃO

- Gestor corporativo
- Passagem
- Gerente de grupo
- Gerente de negócios
- Passagem
- Passagem
- Gerente funcional
- Gerenciar gestores
- Passagem
- Passagem
- Gerenciar outros
- Gerenciar a si mesmo
- Passagem

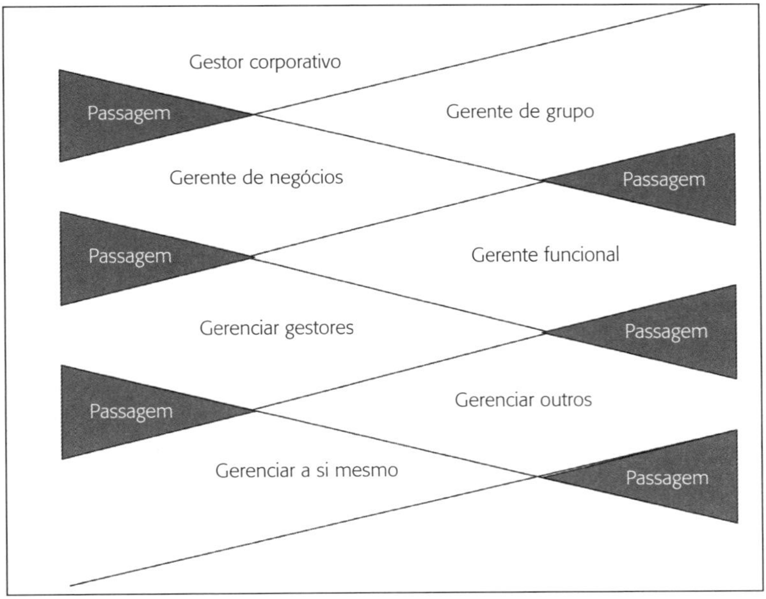

Fonte: Charan, Drotter e Noel (2009:6).

A análise da figura 3 permite dizer que *o pipeline* leva a organização a concentrar sua atenção nos gaps existentes entre um nível e outro da hierarquia, preparando as pessoas para posições mais desafiadoras e complexas. Essa é a razão de o *pipeline* ser visto como uma estratégia de desenvolvimento. Por outro lado, poderá servir também como um recurso orientador para a avaliação do desempenho apresentado pelo profissional.

O conhecimento de cada passagem ajuda a revelar problemas de liderança ocultos em todas as camadas organizacionais; esse conhecimento também proporciona uma forma de solucionar problemas [Charan, Drotter & Noel, 2009:23].

O primeiro nível de passagem é, sem dúvida, um dos mais complexos. Nas organizações, todos que ocupam posições ou cargos técnicos, administrativos ou de suporte sem responsabilidade pelo trabalho de outros são responsáveis por fazer a gestão do próprio desempenho, realizar as atividades que lhes cabem, cumprir suas metas, respeitar seus horários e atender a tudo o que está sob sua responsabilidade. Mas gerenciar a si mesmo é bem diferente de gerenciar o desempenho de outros. No primeiro caso são exigidas, principalmente, competências técnicas; a exigência de competências interpessoais fica restrita praticamente àquelas que permitem garantir um bom relacionamento entre as pessoas. Isso muda e ganha grande complexidade quando o foco é a gerência de outros. Aqui a predominância passa a ser de competências interpessoais, conversacionais e estratégicas, competências essas que podem ir se ampliando e diversificando à medida que o indivíduo ascende nos níveis hierárquicos da organização.

> **Reflexão**: Você já participou de algum programa de desenvolvimento de lideranças? Se a resposta for afirmativa, o que mudou na sua forma de agir? Já experimentou colocar em um quadro seu perfil profissional anterior e posterior à participação no programa de desenvolvimento de lideranças?

A seguir vamos abordar ferramentas que merecem destaque especial pelo fato de viabilizarem a prática de outras ferramentas de gestão de pessoas, facilitando a compreensão de princípios que as norteiam e a aceitação de exigências e parâmetros que, muitas vezes, podem contrariar interesses pessoais. São elas:

práticas de comunicação interna e endomarketing nas organizações e metodologias de negociação e administração de conflitos. Finalizando, o capítulo abordará a gestão de redes de relacionamento, um recurso vital para suprir, divulgar e compartilhar informações rapidamente.

## Comunicação interna e endomarketing

Alguns fundamentos dão sustentação ao endomarketing, a começar pelo próprio conceito: um processo que procura sintonizar e sincronizar a estrutura de marketing da empresa ou organização, que visa implementar e operacionalizar ações para o mercado.

Tem como objetivo o fortalecimento e a construção de relacionamentos, o compartilhamento dos objetivos da instituição, a melhoria das relações interpessoais e a apropriação do conceito de cliente interno na instituição, além de ser considerado um instrumento de comunicação, interação e integração, tornando-se uma ferramenta de suporte das lideranças internas. Para o autor, sua principal função é integrar a noção de cliente aos processos internos da organização, de forma a permitir melhoria contínua dos produtos e serviços e da satisfação e qualidade de vida das pessoas (Bekin, 2009).

Para que as empresas possam atender bem aos seus clientes externos, seus funcionários precisam ter ao seu alcance informações corretas e atualizadas sobre produtos e serviços. Um dos papéis de maior relevância do marketing interno é fornecer aos funcionários o preparo necessário e suprir as informações de que precisam para bem atender ao cliente externo.

O contexto competitivo dos negócios tem feito as organizações olharem de forma mais atenta para seu público interno, buscando compreender melhor suas características, expectativas e exigências. Paralelamente, também pesquisadores e estudiosos do ambiente organizacional têm mostrado maior interesse pela temática da comunicação organizacional interna e do marketing interno ou endomarketing, termos muitas vezes usados como sinônimos, mas que guardam diferenças entre si (Brum, 2000). Isso pode ser justificado pelo fato de serem a comunicação interna e o endomarketing duas faces de uma mesma moeda. O alvo da ação da comunicação interna e do endomarketing é um só: os funcionários da organização. Ambos possuem o propósito de informar, estimular a motivação e contribuir para a manutenção de clima organizacional saudável. O que varia é o enfoque de cada uma dessas áreas.

Segundo Tavares (2010:18),

> é praticamente impossível falar sobre comunicação interna sem falar em endomarketing. [...] A comunicação na verdade faz parte do endomarketing. Ou seja, a comunicação é uma ferramenta do endomarketing.

É importante destacar, entretanto, que a comunicação interna existirá independentemente do endomarketing.

A comunicação interna refere-se mais a práticas de comunicação da organização com seus empregados, incluindo, em uma abordagem micro, a definição de turnos e escalas de trabalho, recessos e alterações no horário laboral, concessão de novos benefícios, mudanças ocorridas no corpo diretivo e outras. Em uma abordagem mais ampla, as técnicas e canais de comunicação utilizados pelas organizações variam de acordo com a cultura organizacional, o porte da organização, o tipo ou objetivos do negócio, a importância atribuída ao relacionamento da organização com seu público interno, os recursos existentes ou disponibilizados para a comunicação e outros.

Entre as práticas mais utilizadas para viabilizar a comunicação interna, estão memorandos, correspondências, ordens de serviço, portarias, designações, publicações internas (boletins, jornais, revistas, relatórios, newsletters etc.), eventos internos (reuniões, café da manhã, tarde com o presidente, palestras, seminários, oficinas de trabalho, gincanas entre equipes, comemorações de datas significativas), outros eventos de cunho técnico, social, cultural, esportivo e de promoção da saúde, uso de murais, intranet, rádio, ouvidoria e canais de comunicação direta.

Para Brum (2000), a comunicação interna é capaz de provocar relacionamentos integrados entre os trabalhadores, por meio de programas participativos capazes de gerar o comprometimento do público interno. Gibson, Ivancevich e Donnelly (2006:434) defendem que "a estrutura organizacional deve facilitar a comunicação em quatro direções distintas: descendente, ascendente, horizontal e diagonal". Explicam os autores que a comunicação descendente é transmitida dos níveis hierárquicos mais altos para os demais níveis; a comunicação ascendente segue direção inversa, sendo transmitida dos níveis hierárquicos mais baixos para os níveis superiores; a comunicação horizontal ocorre entre pares e entre unidades organizacionais de mesmo nível hierárquico; e a comunicação diagonal atravessa funções e níveis dentro da organização.

O endomarketing, por sua vez, está ligado à divulgação de ações de marketing voltadas para o público interno, como a clarificação da missão e visão da organização, a divulgação de planejamento estratégico, a busca de centragem sobre metas de trabalho, a adoção de medidas para melhoria do clima organizacional, campanhas sobre produtos e serviços, informação sobre problemas enfrentados pela organização e informação sobre resultados obtidos, entre outros. "Mostrar problemas e confessar dúvidas pode fazer com que funcionários entendam cenários de crise e ajam com dedicação e esforço para enfrentá-los" (Brum, 2000:35).

Endomarketing se caracteriza por um conjunto de ações de marketing voltadas para o público interno das organizações, utilizadas com o objetivo de fortalecer a imagem da organização frente aos funcionários e seus familiares (Brum, 2000). Para Bekin (2009), endomarketing é uma extensão da clássica função do marketing, só que voltada para dentro da organização, para seu público ou cliente interno, tendo como finalidade a promoção de valores destinados a servir ao cliente interno e informá-lo.

[Endomarketing] Consiste em ações de marketing dirigidas para o público interno da empresa ou organização. Sua finalidade é promover, entre os funcionários e os departamentos, os valores destinados a servir o cliente ou, dependendo do caso, o consumidor [Bekin, 2009:3].

O fortalecimento e a construção de relacionamentos, o compartilhamento dos objetivos da instituição, o desenvolvimento de relações interpessoais produtivas podem resultar de práticas sadias de endomarketing e comunicação interna. A seção a seguir trata das funções da comunicação no trabalho, acrescentando detalhes ao que já foi dito a respeito da comunicação interna.

## Funções da comunicação no trabalho

Robbins (2004) afirma existirem quatro funções de importância fundamental para os processos de comunicação: controle, motivação, expressão emocional e informação. Conforme o autor, a comunicação existe para controlar como as pessoas se comportam, uma função que se manifesta na associação entre o desempenho das pessoas e a consciência que possuem (informação internalizada) em relação a objetivos, princípios, missão e visão da organização.

A comunicação gera motivação quando explica ao empregado o que é esperado do seu desempenho e o leva a compreender os elementos com os quais trabalha, como a existência de metas de qualidade e de quantidade ou de propósitos pessoais específicos, tornando-se instrumento para consolidação do trinômio competência/eficiência/eficácia e para a consecução dos resultados.

A comunicação dentro dos grupos e equipes, ou a que ocorre entre pares, funciona como mecanismo para liberação de tensões e ajustes entre a imagem que as pessoas fazem de si e aquela que é percebida pelos demais.

A expressão emocional é instrumento do desenvolvimento dos mecanismos de interação e integração dos indivíduos em relação aos níveis de satisfação e motivação em relação ao que fazem e sobre o que são cobrados.

A função de informação, que caracteriza a comunicação no trabalho, permite que as decisões sejam tomadas – um caráter que denota a competência das pessoas para se utilizarem de dados, gerar informações sobre eles e decidir sobre as informações existentes.

Na relação entre liderança e liderados percebe-se que a informação funciona como via de mão única: o líder informa e os liderados recebem e decodificam a informação, para entendimento e conscientização. A comunicação, por sua vez, assume características de via de mão dupla: os líderes emitem a informação decodificada para a compreensão dos liderados, que as recebem e internalizam quando as entendem; se isso não ocorre, devolvem novas mensagens para a liderança, para que a informação seja refeita e o processo possa ter continuidade. O item a seguir aborda a questão da comunicação nessa relação.

*Comunicação na relação entre liderança e liderados*

A comunicação em equipes de trabalho se reveste de cuidados especiais, no sentido de levar em consideração não só as expectativas dos membros da equipe, mas, principalmente, o nível e a essência dos resultados a alcançar. Faz-se necessário, portanto, ao identificar os tipos ou modelos de comunicação entre os membros da equipe com seus líderes, um cuidado com a criação de uma sintonia mental entre ambos, ouvir atentamente o que alguém na equipe quer dizer aos demais e à liderança e decodificar e reescrever as mensagens, para que haja melhor entendimento.

O conceito de comunicação dirigida assume importância significativa na relação entre as lideranças formais e suas equipes subordinadas, na medida em que estabelece um conjunto de diretrizes balizadoras da ação:

❑ a comunicação que parte da liderança, e que tem uma característica formal, é conhecida como "linguagem de gerência", ou "linguagem de gestão". Essa linguagem é reconhecida por envolver objetivos a serem atingidos, resultados a serem alcançados ou lucros a serem obtidos;
❑ é possível perceber que, quando um líder organizacional – diretor, gerente, chefe, supervisor ou encarregado – se dirige a um supervisionado, ocorre uma das três possibilidades citadas no tópico a seguir;
❑ quando o líder fala em atingir o objetivo, quem ouve quer entender que, para isso, haverá reconhecimento material ou reconhecimento pelo esforço; se o líder fala em alcançar resultados, quem ouve quer entender que haverá oportunidade de ganhos ou benefícios pelo esforço e dedicação; e quando o líder fala em obter lucros, quem ouve quer entender que haverá participação nos lucros.

A comunicação, como um instrumento de ação do líder – não só em relação aos empregados, mas também em relação aos parceiros e superiores –, requer um exercício de aperfeiçoamento constante, considerando o contexto em que se insere e o quanto vai impactar ou influenciar o trabalho ou a condição do receptor. Estar bem informado sobre todas as variáveis que envolvem a comunicação, ser perceptivo quanto a contribuições importantes que o receptor possa trazer, adotar uma forma flexível de comunicação e incentivar o senso de equipe fazem parte da atitude exigida do líder, no papel de comunicador.

## Assertividade como forma de comunicação

Assertividade é a capacidade de dizer as coisas de maneira clara, positiva e direta, expressando posições e convicções. Rich e Schroeder (1976) definem assertividade de acordo com critérios funcionais, propondo que se trata de uma habilidade para procurar, manter ou aumentar o reforçamento em uma situação interpessoal por meio da expressão de sentimentos ou desejos, quando tal expressão envolve riscos de perda de reforçamento ou até de punição.

Um componente do comportamento assertivo é a predisposição para o diálogo. A assertividade é provocadora de interação e contribui efetivamente para a integração entre líderes e membros da equipe e também entre os próprios membros, quando optam por posturas e atitudes assertivas. A espontaneidade, a flexibilidade e a empatia são outros componentes na postura assertiva e, principalmente, na construção da mensagem.

Em contrapartida, a inexistência de estratégias claras, a impossibilidade de rever o conteúdo e a estrutura da mensagem e o distanciamento, propositais ou não, entre emissor e receptor da mensagem podem ser percebidos como mecanismos ameaçadores, inibidores de qualquer ação produtiva.

Assertividade é franqueza, objetividade sem grosseria, sem atacar as pessoas, mas focando o problema, o foco da decisão. É um dos instrumentos de que a liderança dispõe na relação interpessoal produtiva com suas equipes. Considerando as características de franqueza, objetividade e facilitação de diálogo que a assertividade provoca, é possível afirmar que ela está entre os instrumentos fundamentais para uma negociação efetiva, tema que será abordado na sequência.

> **Reflexão:** As pessoas com quem você trabalha manifestam disponibilidade para dialogar? Você assume comportamento assertivo em suas discussões?

## Negociação e administração de conflitos como recurso para alavancar resultados no trabalho

A negociação é tratada em sua forma contemporânea como um instrumento para obtenção de resultados, de consolidação do comprometimento e de ação da liderança. Negociar é uma característica fundamental do homem competitivo. Qualquer outra espécie foge se é fraca, e ataca se é forte; o homem negocia. É sua demonstração de superioridade. "Ganhar corações e mentes dos homens – pois é nisso, basicamente, que consiste a ciência da negociação" (Callières, 2001:17).

Considerando a negociação um instrumento para a solução de conflitos, faz-se necessário conhecer os caminhos para identificar as possibilidades que seus processos oferecem. Shell (2001) defende que a negociação é um processo de comunicação interativa que pode ocorrer quando queremos algo de outra pessoa ou quando outra pessoa deseja algo de nós. Embora a negociação seja uma forma especial da comunicação humana, não é sempre que percebemos que a estamos praticando. Mesmo assim, o autor entende que a negociação "é uma atividade facilmente identificável que ajuda as pessoas a atingir metas e solucionar problemas" (Shell, 2001:5).

A negociação no trabalho pode ser descrita como um processo de buscar a aceitação de condições, mudanças, novas ideias ou interesses, visando à obtenção de resultados, de tal forma que tanto o líder quanto os liderados finalizem a negociação com o sentimento de que tiveram oportunidade de se manifestar, a certeza de que foram ouvidos e a convicção de que os resultados obtidos foram os melhores para ambas as partes.

Há um conjunto de comportamentos e atitudes disfuncionais que provocam dificuldades para a liderança nos processos negociais: personalidades marcadas pelo autoritarismo exacerbado e pela hesitação diante de decisões, pela insegurança em assumir posições, pelo descompromisso com a consistência e coerência dos fatos. Numa negociação, é importante que dediquemos atenção especial à percepção que as pessoas têm dos fatos. Qualquer distorção pode influir de forma significativa no comprometimento com as bases negociais ou com os resultados do processo.

À medida que, a partir de cada atitude a ser tomada ou comportamento a ser assumido, são reconhecidas as necessidades, expectativas e objetivos próprios e daqueles parceiros na ação, percebem-se as linhas de trocas e concessões, onde avançar e onde recuar, identificando-se os porquês dessas posições. O resultado, então, tenderá a uma solidez indiscutível.

Mais do que levar o interlocutor a aceitar o resultado, é essencial mostrar-lhe a coerência do que foi acordado quando comparado com o que originalmente havia sido posicionado. O nível da argumentação exige a consideração de fatores concretos, onde a interpretação não deixe margem para dúvidas ou situações não claramente justificadas. Algumas vezes, a melhor alternativa será postergar uma negociação, buscando condições ou argumentos que permitam atender melhor a todos os interesses.

As negociações nem sempre terminam em acordos, podendo seus resultados gerar conflitos de maior ou menor repercussão. Dependendo da influência que acarretem sobre o trabalho, exigirão que o líder se posicione, contrariando uma ou outra parte e, até mesmo, todos os envolvidos.

A negociação pode ser considerada um método capaz de provocar a integração entre as pessoas e seus propósitos ou interesses. Baseada na confrontação, a racionalidade é uma de suas ferramentas, usada para a consolidação de relações consistentes e construção da credibilidade das partes envolvidas. A negociação é vista como um caminho efetivo para o gerenciamento dos conflitos entre interlocutores que tenham dificuldade para estabelecer relações produtivas.

Conflitos no trabalho são discordâncias internas, decorrentes das diferenças de ideias, valores, percepções, sentimentos e/ou interesses, entre pessoas e equipes, e que podem ser expressos abertamente ou de forma velada.

É oportuno lembrar Fustier (1995:179):

> Os conflitos nas empresas, nas administrações, nas organizações em geral se encadeiam e se multiplicam. Sua duração aumenta. Em vez de ver aí a prova de que os métodos de solução não são válidos, mesmo que levem a acordos assinados, o público (que é sua vítima permanente) sonha com uma situação de ausência de conflito, como se essa calma não significasse a estagnação e a morte.

Para entender melhor os caminhos que levam à superação do conflito nas equipes, é essencial que se analisem, de forma mais específica, os tipos de conflitos e suas implicações na gestão de pessoas e na liderança.

O envolvimento em conflitos requer foco em dois pontos: a importância que o tema central do conflito tem para o indivíduo e o grau de relevância no relacionamento interpessoal produtivo com o outro lado do conflito. Schermerhorn, Hunt e Orborn (2002:269) definem o conflito como um processo que "ocorre sempre que houver desacordos numa situação social com relação a questões importantes ou sempre que um antagonismo emocional cria atrito entre pessoas ou grupos".

Ao ser percebido que o tema tem pouca importância ou valor, mas o relacionamento é de grande relevância, a acomodação é um caminho. Se, em contrapartida, percebe-se que o relacionamento não tem relevância alguma, o tema é de vital importância, mas o momento é inadequado, evitar o conflito mostra sensatez.

Contudo, se o momento se mostra favorável, o relacionamento continua desimportante, mas o tema mantém seu peso, a competição é um bom caminho, confrontando o interlocutor.

Na eventualidade de tanto o problema quanto o relacionamento se mostrarem importantes e relevantes, será conveniente partir para uma negociação, em que as partes conciliam. Na possibilidade de a concessão recíproca não se mostrar conveniente, uma ajuda recíproca (colaboração) pode ser conveniente. Neste último caso, não há concessões, mas somente apoio e suporte mútuos.

A visão de Mary Parker Follet (1991:291) sintetiza a proposta contida nos três parágrafos anteriores:

> Nós não devemos ter medo do conflito, porém devemos reconhecer que existe um modo destrutivo de se proceder em tais momentos. Na diferença em se tratar o conflito pode estar o sinal do saudável, uma profecia de progresso.

De alguma forma, a gestão do conflito nas organizações sempre esteve sob responsabilidade da liderança. O aparecimento e o desenvolvimento das redes sociais trouxeram uma nova ferramenta de administração desses conflitos. A possibilidade de ter acesso a este novo fenômeno das comunicações interpessoais dá ao indivíduo autonomia para que gerencie, de forma compartilhada, eventuais disfunções que ocorram em suas relações interpessoais, afetivas ou produtivas. Veja a seguir o tema redes de relacionamento.

## Redes de relacionamento nas empresas

As redes formais e informais de comunicação integram o aparato da comunicação nas organizações.

Redes formais são definidas a partir do processo hierárquico, envolvem abordagens de liderança caracterizadas pela disciplina, pela ordem e pelas regras institucionais. São deflagradas a partir dos núcleos de decisão institucional, os líderes internos são seus agentes e a organização as utiliza para manter seus canais de comunicação (esta nem sempre bilateral) permanentemente "azeitados".

Redes informais são definidas a partir da estrutura social interna e seu identificador máximo é a "rádio peão", nascida nas bases e que se atualiza com relativa agilidade e, por que não afirmar, eficácia. As redes informais são excelentes mecanismos geradores de envolvimento, de compromisso, de comprometimento e funcionam independentemente da ação institucional (redes formais).

Em passado não muito distante, as redes informais se destacavam pelos contatos informais e pelos documentos internos não oficiais (abaixo-assinados, mensagens a Garcia, conversas nas áreas sociais coletivas – refeitórios, ambiente de trabalho, cafezinho, *happy hours*, atividades de lazer). Sempre se mostraram eficazes e, não raro, as organizações se utilizavam dessas redes para divulgar o que lhes fosse conveniente.

Com o surgimento das redes sociais (Twitter, MSN, Facebook, sites de relacionamento), as redes informais ganharam um espaço mais efetivo para sua ação. Algumas organizações ainda as tratam com reserva, mas seguramente, em curto prazo, elas ocuparão um espaço significativo nos cenários das relações e comunicações interpessoais produtivas.

Qualquer cidadão ou cidadã "antenado" com as contemporaneidades tecnológicas sentir-se-á fora da realidade se não dispuser de um endereço de e-mail, de um telefone celular, se não fizer parte de qualquer das chamadas redes de relacionamento disponíveis. O que mais chama a atenção é a velocidade com que esses instrumentos se aperfeiçoam. Mal se consegue dominar determinado instrumento dessa nova classe e ele já se apresenta com nova roupagem, oferecendo novos serviços e facilitando cada vez mais a vida de seus usuários.

Chama a atenção também a forma como esses recursos vêm sendo gerenciados no âmbito institucional. Não raro se veem regras com essa finalidade completamente defasadas em relação à tecnologia em uso.

Em determinadas situações a participação nas redes é limitada e em outras chega a ser proibida, ocorrendo punição para os infratores. Muitas vezes a contribuição que os novos atores tecnológicos podem oferecer à gestão do conhecimento e do capital intelectual das organizações é também ignorada. Segundo Chanlat (2000:67), "em numerosos locais de trabalho, proíbe-se mesmo falar, porque, como cada um sabe, conversas são improdutivas".

Com o advento de novas tecnologias, com o avanço dos modelos, dos recursos, instrumentos e sistemas que permeiam a ação dos indivíduos nas organizações, será necessário rever a forma de lidar com essas mudanças, antecipando-se a elas para dirigi-las em lugar correr atrás delas ou mesmo correr delas.

Schein (2009) indica as maneiras por meio das quais as empresas podem lidar com seus ambientes mutantes: pela aprendizagem de novos conceitos e de novos significados de antigos conceitos; pela imitação e identificação *versus* aprendizagem por exame meticuloso e por tentativa e erro; pela aceitação de que, ao longo de novos conceitos, virão novos padrões de avaliação... Se os padrões não mudarem, os problemas não serão resolvidos.

Para entender o conceito de rede é importante que se identifiquem os dois tipos de redes para uma proposta de valor específica. Segundo Cross e Thomas (2009:146):

- redes de resposta personalizada: são desenvolvidas para definir rapidamente um problema ou uma oportunidade. Adotáveis por empresas de consultoria estratégica, bancos de investimento, consultorias de desenvolvimento de novos produtos e de estágio inicial de desenvolvimento de produtos;
- redes de resposta rotineira: funcionam melhor em ambientes em que os problemas e as soluções são razoavelmente bem-definidos e previsíveis, e o trabalho é padronizado. Centrais de atendimento, estágio final de desenvolvimento de produtos ou setores que requeiram respostas de baixo custo, confiáveis e competentes para solucionar problemas de frequente ocorrência.

Qual o foco da organização na rede social? Ter claro esse detalhe ajuda a definir quais as principais utilizações das ferramentas, seja para uso corporativo ou pelos funcionários. De qualquer forma, mesmo no caso em que as empresas não precisam desse tipo de ambiente para promover produtos ou serviços, é necessário criar regras de uso.

É premissa que as empresas devem divulgar de forma abrangente o conjunto de materiais, documentos, informações e dados a serem colocados nos diversos modelos disponíveis de redes. Por exemplo, a formalização do nível de confidencialidade e de liberdade em relação a todo o conjunto de informações pertinentes à existência e à operação da organização. O acompanhamento de todo esse fluxo de informação é fundamental para preservar a segurança e a imagem institucionais.

Um modelo anacrônico de gestão das redes, com a visão taylorista do impedimento puro e simples, com a justificativa de que deverá ser bloqueado o acesso porque todo mundo faz errado, é a marca de uma ação ineficaz. Uma abordagem mais efetiva seria via informação consistente, geradora de consciência, no sentido de mostrar que o mau uso das redes pode provocar tanto situações constrangedoras e prejudiciais à imagem como impactos indesejáveis na vida profissional dos empregados.

Considerando a inevitabilidade da adoção das redes sociais como instrumento de comunicação social, percebe-se a necessidade de as organizações estabelecerem caminhos, regras, princípios que permitam aos empregados fazer parte delas sem que incorram em terrenos passíveis de punição ou de incompreensão institucional.

As redes propiciam velocidade em relação a estudos, divulgação de ideias, aprimoramento da percepção dos clientes em relação à organização e permitem também o crescimento do padrão de conhecimento e do capital intelectual de que se dispõe, na medida em que o compartilhamento saudável e inteligente tende a contaminar, de forma positiva, o comportamento geral da equipe.

Mais uma vez cabe aos líderes e gestores internos o papel de agentes determinadores da mudança cultural que irá ser operada conforme a empresa se proponha a entrar no universo das redes sociais. Preparar líderes para o entendimento, a consciência e a gestão das redes faz parte da afirmativa de que não há desenvolvimento organizacional sem desenvolvimento individual.

Compete às organizações identificar seus nichos e associá-los às dimensões das redes sociais. Em seguida, identificar formas de gerenciar internamente essa descoberta, com o comprometimento dos gestores e líderes internos e, depois deles, da comunidade de empregados. O enriquecimento interno dos níveis de conhecimento e a qualidade do capital intelectual serão as respostas mais efetivas para essa iniciativa.

Pode-se afirmar que o rádio, a TV, o jornal impresso, a internet e outras formas efetivas de comunicação, não obstante as previsões a partir da década de 1950 de que umas tenderiam a fazer desaparecer as outras (a internet veio mais tarde), convivem de forma diferenciada. As redes estão ocupando seu espaço, são visíveis, mas ainda não senhoras do cenário. As organizações, portanto, deverão repensar sua entrada, o nível e a qualidade de sua participação e a forma como gerenciarão, internamente, a capacidade dos indivíduos de contribuírem efetivamente para a melhoria da qualidade dos processos, dos sistemas e dos resultados advindos de sua adoção e da interação e integração da organização à nova realidade.

As redes podem a aprimorar o relacionamento interpessoal e desenvolver um networking produtivo, levando as pessoas a trabalharem melhor em equipe. Essa questão é retomada no item a seguir, ao abordarmos a importância da gestão de redes sociais.

## Desafio e importância da gestão de redes em ambientes competitivos

Uma reflexão se faz necessária para o entendimento do uso das redes sociais pelas empresas, considerando a realidade competitiva atual. Estudo realizado pela Grant Thornton International Ltd. revelou que as empresas da América Latina são as mais ativas no uso de sites sociais. Segundo este levantamento, os principais motivos para os entrevistados utilizarem as redes sociais são: a publicidade (53%), a comunicação com os consumidores (51%) e o recrutamento (43%). Na América do Norte o recrutamento é o principal motivo para o uso das redes sociais (63%). No Brasil, a principal razão para as empresas utilizarem as redes sociais é o cliente (28%).

A pesquisa ainda revela a importância que o conteúdo, especialmente o publicado na internet, tem para o público. Segundo os entrevistados, o jornal ainda é a principal fonte de informação. No Brasil, 86% dos empresários leem jornal três ou mais vezes por semana, resultado acima da média global de 79%. Desse total, 26% gostam de ler a versão eletrônica e 24%, a impressa. Apenas 18% citaram a internet móvel e 14% a internet fixa como a opção favorita para se informar.

Algumas considerações podem ser feitas ao estudarmos o uso das redes sociais, no Brasil, entre os profissionais de tecnologia da informação ou empresas que a fornecem. Estudo conduzido pela MBI Pesquisa na primeira quinzena de maio de 2011 traz algumas informações significativas sobre preferências de uso de redes. Foram envolvidas 252 participantes das principais regiões do país, com maior concentração na região Sudeste, compreendendo São Paulo e Rio de Janeiro. Foi-lhes perguntado que benefícios buscam nas redes sociais:

❑ manter contatos pessoais é o benefício mais citado (79%), junto com buscar e manter contatos profissionais (networking), com 74.2%;
❑ participar de fóruns de discussões (48%), divulgar atividades profissionais (42,5%) e ter informação em tempo real dos seus contatos (40,1%) são benefícios também citados pelos usuários;
❑ a rede social como meio de lazer e entretenimento é o benefício que aparece com 26%;
❑ gerar business através da busca de promoções para serviços e produtos (25,4%) e desenvolvimento de negócios para a empresa tem uma participação de 25%;
❑ divulgação de atividades pessoais e hobbies com 22,2% e procurar emprego com 20,2% completam a participação dos benefícios citados.

Um ponto a ser considerado leva à reflexão sobre o fato de que as redes sociais não atendem a 100% das demandas indicadas nas expectativas dos usuários. Entre os benefícios citados como não atendidos satisfatoriamente por elas, aparecem:

- acesso a promoções atraentes de produtos e serviços (32,9);
- procura de empregos (31,7%);
- desenvolvimento de negócios para a empresa (28,6%);
- participar de fóruns de discussão (25,4%);
- eventos online e no mundo real (24,6%);
- buscar e manter contatos profissionais (21,8%);
- opções de entretenimento e lazer (14,7%);
- buscar e manter contatos pessoais (13,9%);
- informação em tempo real (12,7%);
- distração momentânea (12,3%);
- divulgação de atividades pessoais e hobbies (9,5%).

O conjunto de dados mostrado pela pesquisa permite constatar que o acesso e o uso das redes sociais está presente de forma inquestionável. Desconhecer este fenômeno – considerando que o número de organizações que ainda ignora ou não incentiva a presença de seus empregados ou funcionários em redes sociais é expressivo (31%) – indica uma velocidade de ação inferior ao que o cenário competitivo está demonstrando.

A melhora da relação com clientes, o posicionamento mais adequado em relação do futuro, a otimização das áreas de negócios, a melhoria da comunicação interna, o investimento na gestão do conhecimento e do capital humano se tornam fatores mais do que fundamentais para o desenvolvimento individual e, por *consequência*, do desenvolvimento organizacional.

A existência de redes vem atender a uma necessidade dos indivíduos, considerando o foco na vida produtiva em comunidades, fenômeno acentuado pelo processo de globalização.

Em suma, este capítulo tratou de ferramentas de gestão fundamentais para a prática do gerenciamento de pessoas nas organizações que buscam resultados e sustentabilidade no mundo globalizado contemporâneo. Foram abordadas informações essenciais sobre os sistemas que asseguram o ingresso e a permanência dos talentos humanos nas organizações – recrutamento e seleção, remuneração, benefícios, capacitação e desenvolvimento, avaliação de desempenho –, garantindo a elas a necessária competitividade.

Também foram discutidas ferramentas que dão suporte ao dia a dia da gestão, não só viabilizando o cumprimento de processos de trabalho, mas também facilitando a compreensão e a aplicação de outras ferramentas – comunicação e endomarketing, negociação e administração de conflitos. A gestão de redes foi apresentada como um componente que deve ganhar a atenção das organizações pelo poder que possui de estabelecer elos entre as pessoas e de alavancar e rapidamente suprir informações de que as organizações precisam.

# Conclusão

Considerada fenômeno social complexo, a liderança é um tema instigante, que sempre atraiu a atenção de todos os que se interessam pelas organizações e buscam compreender seus procedimentos e garantir que apresentem os melhores resultados. Desde o início do século XX, podemos observar, nas primeiras escolas que reconheceram e analisaram a administração como campo de conhecimento, o interesse pela liderança. Entretanto, nunca se constatou tamanho interesse como nos dias atuais.

Vimos, neste livro, que liderar em ambientes competitivos é uma competência das mais relevantes, e que líderes capazes de estimular o desempenho humano e gerir competências individuais e de equipes são reconhecidos, cada vez mais, como diferencial competitivo nas organizações.

Produzir em ambientes mutáveis e de grande competição é um desafio contemporâneo. Neste contexto, rever práticas relacionadas à participação dos indivíduos nas organizações, às competências que possuem, à autonomia com que operam e ao comprometimento que demonstram com o que fazem e com os resultados individuais e coletivos do trabalho são prioridades, sem dúvida alguma. Para isso, os líderes contam com ferramentas de gestão de pessoas, que estimulam e valorizam o desempenho convergente com os objetivos organizacionais.

Isso nos leva a concluir que as organizações que pretendam não apenas reagir, mas também influenciar as mudanças que ocorrem em seu entorno, precisarão de líderes capazes de perceber os mínimos movimentos que as afetam. Só assim poderão administrar o impacto gerado pelas mudanças sobre as pessoas presentes no cotidiano organizacional, sobre os produtos e serviços que oferecem aos seus clientes, sobre as relações que estabelecem com fornecedores, parceiros e concorrentes, além das contas que prestam aos *stakeholders*.

Concluímos, ainda, que as organizações contemporâneas precisam de líderes que saibam definir estratégias desafiadoras e eficazes, devendo ser objetivos e pragmáticos. Como a liderança se concretiza por meio de pessoas, precisarão ser sensíveis à subjetividade dos sentimentos e emoções, à racionalidade dos pensamentos e dos comportamentos aprendidos ou planejados e até a ideias não convencionais, que rompem com rotinas e procedimentos estabelecidos. As organizações precisam de líderes aptos tanto a conduzir como a formar outros líderes para a condução de equipes na busca de recursos, na implementação de ações e na obtenção de resultados.

É bom lembrar que o cenário de atuação desses líderes é instável, com mudanças rápidas e frequentemente imprevisíveis, no qual prevalecem pressões para lançamento e aperfeiçoamento de produtos e serviços, para o atendimento de clientes sempre mais e mais exigentes e para a conciliação dos interesses dos *stakeholders*.

Uma das concepções mais simples de líder o apresenta como alguém capaz de inspirar seguidores. Alguém cujos liderados se antecipam às necessidades e expectativas e fazem as coisas certas. Popularidade não é liderança. Liderança não quer dizer posição, privilégios, títulos ou dinheiro. Significa sabedoria e responsabilidade. A proposta deste livro é provocar a reflexão sobre as questões aqui levantadas. A liderança é suporte e estímulo para a produção de resultados, para dar respostas efetivas às demandas do processo produtivo, marcado pela globalização. Não há como fugir dessa realidade. Os antigos chefes eram mestres na execução de tarefas. Os líderes contemporâneos são maestros capazes de despertar e desenvolver talentos; são confiáveis e confiam em seus funcionários; são hábeis em desenvolver outros líderes. Identificam tendências, possuem visão cênica, assumem o papel de regentes, como em um concerto de Ravel, tendo por partitura a competição e por aplauso o sucesso das organizações.

# Referências

AIDAR, Marcelo M. et al. Cultura organizacional brasileira. In: WOOD Jr., Thomas. *Mudança organizacional*. São Paulo: Atlas, 2004.

ALMEIDA. Neide Lucia de Oliveira. *Diversidade cultural*: o expatriado no contexto da dinâmica social corporativa num mundo globalizado. In: CONGRESSO NACIONAL DE EXCELÊNCIA EM GESTÃO, 5, Rio de Janeiro/Niterói, 2009. Anais... Rio de Janeiro: Firjan/UFF, 2009. Tema: Gestão do conhecimento e da sustentabilidade.

ARGYRIS, Chris; SCHÖN, David. *Organizational Learning II*: Theory, Method and Practice. Reading, MA: Addison Wesley, 1996.

AYRES, Bruno Ricardo Costa. Os centros de voluntários brasileiros vistos como uma rede organizacional baseada no fluxo de informações. *Revista de Ciência da Informação*, v. 2, n. 1, fev. 2001. Disponível em: <http://dgz.org.br/fev01/Art_01.htm>. Acesso em: 2 set. 2010.

BAND, Wiliam A. *Competências críticas*. Rio de Janeiro: Campus, 1997.

BARBOSA, Livia. *Igualdade e meritocracia*. Rio de Janeiro: FGV, 2003.

_____ (org.). *Cultura e diferença nas organizações*: reflexões sobre nós e os outros. São Paulo: Atlas, 2009.

BATEMAN, Thomas S.; SNELL, Scott A. *Administração*: construindo vantagem competitiva. São Paulo: Atlas, 1998.

BEKIN, Saul Faingaus. *Endomarketing*: como praticá-lo com sucesso. São Paulo: Prentice Hall, 2009.

BEMVENUTTI, João Carlos. Criatividade. In: MAGDALENA, Gustavo (org.) *Manual de gestão de pessoas e equipes*. São Paulo: Gente, 2002.

BENNIS, Warren. *A formação do líder*. São Paulo: Atlas, 1996.

BERGAMINI, Cecília Whitaker. *Psicodinâmica da vida organizacional*: motivação e liderança. São Paulo: Atlas, 1997.

_____. *Psicologia aplicada à administração de empresas*: psicologia do comportamento organizacional. São Paulo: Atlas, 2005.

BRUM, Analisa de Medeiros. *Um olhar sobre o marketing interno*. Porto Alegre: L&PM, 2000.

CALLIÈRES, Francois de. *Como negociar com príncipes*. Rio de Janeiro: Campus/Elsevier, 2001.

CAMBRIDGE DICTIONARY ONLINE [s.d.]. Disponível em <http://dictionary.cambridge.org>. Acesso em: 23 dez. 2011.

CAMERON, Esther; GREEN, Mike. *Gerenciamento de mudanças*. São Paulo: Clio, 2009.

CASADO, Tania. O indivíduo e o grupo: a chave do desenvolvimento. In: FLEURY, Maria Tereza L. *As pessoas na organização*. São Paulo: Gente, 2002.

CASTELLS, Manuel. *A sociedade em rede*: a era da informação – economia, sociedade e cultura. São Paulo: Paz e Terra, 2007. v. 1.

CAVALCANTI, Bianor Scelza. *O gerente equalizador*: estratégias de gestão no setor público. Rio de Janeiro: FGV, 2005.

CHANLAT, Jean-François. *O indivíduo nas organizações*: dimensões esquecidas. São Paulo: Atlas, 1996. v. 1.

_____. *Ciências sociais e management*: reconciliando o econômico e o social. São Paulo: Atlas, 2000.

CHARAN, Ram; CONATY, Bill. *A arte de cultivar líderes*. Rio de Janeiro: Elsevier, 2011.

_____; DROTTER, Stephen; NOEL, James. *Pipeline de liderança*. Rio de Janeiro: Elsevier, 2009.

CODO, Wanderley. *Por uma psicologia do trabalho*. São Paulo: Casa do Psicólogo, 2006.

COHEN, William A. O líder do futuro. In: HESSELBEIN, Frances; GOLDSMITH, Marshall. *A nova organização do futuro*. Rio de Janeiro: Campus/Elsevier, 2010.

COOPER, Cary; ARGYRIS, Chris (orgs.). *Dicionário enciclopédico de administração*. São Paulo: Atlas, 2003.

CROSS, Rob; THOMAS, Robert J. *Redes sociais*. São Paulo: Gente, 2009.

CURY, Antônio. *Organização e métodos*: uma visão holística. São Paulo: Atlas, 2009.

DAMANPOUR, Fariborz. Organizational Innovation: A Meta-Analysis of Effects of Determinants and Moderators. *Academy of Management Journal*, v. 3, n. 34, p. 555-590, 1991.

DAMIANI, Wagner Bronze. Gestão do conhecimento: um estudo comparativo Brasil × Estados Unidos. In: ENCONTRO NACIONAL DA ANPAD, 25., Campinas. *Anais...* Rio de Janeiro: Anpad, 2001.

DAVEL, Eduardo; VERGARA, Sylvia C. (org.). *Gestão com pessoas e subjetividade*. São Paulo: Atlas, 2010.

DAVIS, Keith; NEWSTRON, John. *Comportamento humano no trabalho*. São Paulo: Pioneira, 1992.

DEJOURS, Christophe. *A loucura do trabalho*: estudo de psicopatologia do trabalho. São Paulo: Cortez, 2003.

DEJOURS, Christophe; DESSORS, Dominique; DESRIAUX, François. Por um trabalho, fator de equilíbrio. *Revista de Administração de Empresas*, v. 33, n. 3, p. 98-104, 1993.

DROTTER, Stephen. *Pipeline de desempenho*. Rio de Janeiro: Elsevier, 2011.

DRUCKER, Peter F. *Inovação e espírito empreendedor (entrepreneurship)*: prática e princípios. São Paulo: Pioneira Thomson, 2008.

DUTRA, Ademar; MIROSKI, Christiane. *Gestão estratégica de pessoas*. Florianópolis: Insular, 2008.

DUTRA, Joel Souza. *Competências*: conceitos e instrumentos para a gestão de pessoas na empresa moderna. São Paulo: Atlas, 2004.

_____ (org.). *Gestão de carreiras na empresa contemporânea*. São Paulo: Atlas, 2010.

EARL, Michael J. Knowledge Management Strategies: Toward a Taxonomy. *Journal of Management Information Systems*, v. 18, n. 1, p. 215-233, 2001.

ECHEVERRIA, Rafael. *Ontología del lenguaje*. Santiago de Chile: J. C. Sáez, 2006.

EISENBERGER, Robert et al. Perceived Organizational Support. *Journal of Applied Psychology*, v. 71, n. 3, p. 500-507, 1986.

EMBRAER. Empresa Brasileira de Aeronáutica S.A. *Portal Brasil*, [s.d.]. Disponível em: <www.portalbrasil.net/embraer.htm>. Acesso em: 14 maio 2011.

FLANNERY, Thomas P.; HOFRICHTER, David; PLATTEN, Paul E. *Pessoas, desempenho e salários*. São Paulo: Futura, 1997.

FLEURY, Afonso Carlos Correa; FLEURY, Maria Tereza Leme. *Aprendizagem e inovação organizacional*. São Paulo: Atlas, 1997.

_____; _____. *Estratégias empresariais e formação de competências.* São Paulo: Atlas, 2004.

FLEURY, Maria Tereza Leme. Gerenciando a diversidade cultural: experiências de empresas brasileiras. *Revista de Administração de Empresas*, jul./set. 2000.

FOLLET, Mary Parker. Conflito, mudança e desenvolvimento. In: HAMPTON, David. *Administração:* comportamento organizacional. São Paulo: Makron Books, 1991. p. 291.

FREITAS, Maria Ester de. *Cultura organizacional:* identidade, sedução e carisma? Rio de Janeiro: FGV, 2000a.

_____. Vida de executivo expatriado: a festa vestida de riso ou de choro. In: ENCONTRO ANUAL DA ANPAD, 24., 2000, Florianópolis. *Anais...* Rio de Janeiro: Anpad, 2000b.

_____. *Como vivem os executivos expatriados e suas famílias?* São Paulo: Eaesp/FGV/NPP, 2000c. Relatório de pesquisa n. 7/2000. Disponível em: <http://eaesp.fgvsp.br/sites/eaesp.fgvsp.br/files/publicacoes/Rel07-2000.pdf>. Acesso em: 11 mar. 2012.

FRESNEDA, Paulo Sérgio V. Inovação, comunidades e conhecimento. *Portal da Fundação do Desenvolvimento Administrativo*, São Paulo, [s.d.]. Apresentação em PowerPoint. Disponível em: <www.fundap.sp.gov.br>. Acesso em: 5 out. 2010.

FUSTIER, Michel. *O conflito na empresa.* São Paulo: Martins Fontes, 1995.

GIBSON, James L.; IVANCEVICH, John M.; DONNELLY Jr., James H. *Organizações:* comportamento, estrutura, processos. São Paulo: Atlas, 2006.

GIBSON, Robert. *Intercultural Business Communication.* Oxford: Oxford University Press, 2002.

GOLDSMITH, Marshall. Indagar, aprender, acompanhar e crescer. In: HESSELBEIN, Frances; GOLDSMITH, Marshall; BECKHARD, Richard.

*O líder do futuro*: visões, estratégias e práticas para uma nova era. São Paulo: Futura, 2010.

_____; HESSELBEIN, Frances. *A nova organização do futuro*. Rio de Janeiro: Elsevier, 2010.

GOLEMAN, Daniel. *Inteligência social*. Rio de Janeiro: Campus/Elsevier, 2007.

GOULART, Iris Barbosa (org.). *Psicologia organizacional e do trabalho*: teoria, pesquisa e temas correlatos. São Paulo: Casa do Psicólogo, 2002.

GRANT THORNTON INTERNATIONAL. *Internacional Business Report (IBR)*. Londres, 1992. Disponível em: <www.gti.org/Publications/International-Business-Report.asp>. Acesso em: 22 dez. 2011.

HANASHIRO, Darcy Mitiko Mori; TEIXEIRA, Maria Luisa Mendes; ZACCARELLI, Laura Menegon. *Gestão do Fator Humano*: uma visão baseada em stakeholders. São Paulo: Saraiva, 2007.

HENLEY BUSINESS SCHOOL. *Corporate Learning Priorities*, 2010. Disponível em: <www.henley.reading.ac.uk/>. Acesso em: 31 dez. 2011. Survey report.

HERSEY, Paul; BLANCHARD, Keneth. *Psicologia para administradores de empresas*. São Paulo: EPU, 1977.

HESSELBEIN, Frances; GOLDSMITH, Marshall; BECKHARD, Richard. *O líder do futuro*: visões, estratégias e práticas para uma nova era. São Paulo: Futura, 2010.

HIDALGO, Ivonne. *Gestión ontológica*. Caracas: Mil Palabras Servicios Editoriais, 2009.

HIGGINS, James M. *Innovate or Evaporate*: Test & Improve your Organizations I.Q. It's Innovation Quotient. Nova York: New Management Publishing,1995.

HOMEM, Ivana D.; DELLAGNELO, Eloise H. L. Novas formas organizacionais e os desafios para os expatriados. *RAE eletrônica*, v. 5,

n. 1, jan./jun. 2006. Disponível em: <http://rae.fgv.br/rae-eletronica/vol5-num1-2006/novas-formas-organizacionais-desafios-para-expatriados>. Acesso em: 4 out. 2010.

KENNEDY, Debbe. Liderança através da prática permanente. In: GOLDSMITH, Marshall; HESSELBEIN, Frances. *A nova organização do futuro*. Rio de Janeiro: Elsevier, 2010.

KIRKPATRICK, Donald L.; KIRKPATRICK, James D. *Transformando conhecimento em comportamento*. São Paulo: Futura, 2006.

KUPER, Laurance. *Ethics*: The Leadership Edge. Cape Town: Zebra Press, 2006.

KWASNICKA, Eunice Lacava. *Teoria geral da administração*. São Paulo: Atlas, 2003.

LANCMAN, Selma; SZNELWAR, Laerte Idal. *Chistophe Dejours*: da psicopatologia à psicodinâmica do trabalho. Brasília: Fiocruz, 2004.

LACOMBE, Beatriz Maria Braga. *O modelo da carreira sem fronteiras no contexto organizacional*: pesquisando a carreira do professor universitário no Brasil. Relatório de pesquisa nº 8/2005. FGV/Eaesp/GVpesquisa, 2005. Disponível em: <http://bibliotecadigital.fgv.br/dspace/bitstream/handle/10438/2901/P00320_1.pdf?sequence=1>. Acesso em: 31 jan. 2012.

LACOMBE, Francisco. *Recursos humanos*: princípios e tendências. São Paulo: Saraiva, 2005.

_____; HEILBORN, Gilberto. *Administração*: princípios e tendências. São Paulo: Saraiva, 2008.

LE BOTERF, Guy. *Desenvolvendo a competência dos profissionais*. Porto Alegre: Artmed, 2003.

LENZI, Fernando César; KIESEL, Marcio Daniel (Orgs.). *O empreendedor de visão*. São Paulo: Atlas, 2009.

LEWIN, Kurt. *Field Theory in Social Science*. Nova York: Harper & Row, 1997.

LIMA, Maria E. *Os equívocos da excelência*: as novas formas de sedução na empresa. Petrópolis, Vozes, 1996.

LIMONGI-FRANÇA, Ana C. *Indicadores empresariais de qualidade de vida no trabalho*: um estudo comparativo entre satisfação dos empregados e esforço empresarial nas empresas com certificação ISO 9000. Tese (Doutorado) – Universidade de São Paulo, São Paulo, 1996.

LIPMAN-BLUMEN, Jean; LEAVITT, Harold J. *Hot groups*: semeando, alimentando e utilizando-os para acender e dinamizar sua organização. São Paulo: Makron Books, 2000.

LOPES, Neide Vernieri. *Gestão estratégica de desempenho*. Rio de Janeiro: Qualitymark, 2009.

MARIOTTI, Humberto. *Pensando diferente para lidar com a complexidade, a incerteza e a ilusão*. São Paulo: Atlas, 2010.

MARTINS, Humberto Falcão; MARINI, Caio. *Um guia de governança para resultados na administração pública*. Brasília, DF: Publix, 2010.

MASCARENHAS, André O. *Gestão estratégica de pessoas*. São Paulo: Cengage Learning, 2008.

_____; VASCONCELOS, Flavio C. de. *Tecnologia na gestão de pessoas*: estratégias de autoatendimento para o novo RH. São Paulo: Thomson Learning, 2004.

MBI. *Segunda pesquisa anual sobre redes sociais*. São Paulo: MBI, 2011. Disponível em: <www.mbi.com.br/mbi/biblioteca/relatorios/>. Acesso em: 22 dez. 2011.

MINSZTAL, Bárbara A. *Trust in Modern Societies*: The Search for the Bases of Social Order. Cambridge: Polity Press, 1998.

MINTZBERG, Henry. *O trabalho do executivo*: o folclore e o fato. São Paulo: Nova Cultura, 1986. Coleção Harvard de Administração, v. 3.

_____. *Criando organizações eficazes*. São Paulo: Atlas, 2003.

_____. *Managing*. Porto Alegre: Bookman, 2010.

MORIN, Estelle M.; AUBÉ, Caroline. *Psicologia e gestão*. São Paulo: Atlas, 2009.

MOSCOVICI, F. *Desenvolvimento interpessoal*. Rio de Janeiro: José Olympio, 2011.

MOTA, Carolina Maria; TANURE, Betania; CARVALHO NETO, Antonio. Estresse e sofrimento no trabalho dos executivos. *Psicologia em Revista*, Belo Horizonte, v. 14, n. 1, p. 107-130, jun. 2008.

MOTTA, Fernando C. Prestes; VASCONCELOS, Isabela F. Gouveia; WOOD JR., Thomaz. O novo sentido da liderança: controle social nas organizações. In: WOOD JR., Thomaz. *Mudança organizacional*. São Paulo: Atlas, 2004.

MOTTA, Paulo Roberto. *Gestão contemporânea*: a ciência e a arte de ser dirigente. Rio de Janeiro: Record, 1997.

MUÑOZ-SECA, Beatriz; RIVEROLA, Josef. *Transformando conhecimento em resultado*. São Paulo: Clio, 2004.

NASCIMENTO, Luiz Paulo do; CARVALHO, Antonio Vieira de. *Gestão estratégica de pessoas*: sistema, remuneração e planejamento. Rio de Janeiro: Qualitymark, 2006.

NONAKA, Ykujiro; TAKEUCHI, Hirotaka. *Criação de conhecimento na empresa*: como as empresas japonesas geram dinâmica da inovação. Rio de Janeiro: Campus, 2008.

NOVO, Damaris Vieira; CHERNICHARO, Carlos Augusto de Lemos; BARRADAS, Mary Suely Souza. *Liderança de equipes*. Rio de Janeiro: FGV, 2008.

NORONHA, Marcio P. Poder & *empowerment*: do cavaleiro do reino ao cavaleiro solitário. In: BITENCOURT, Claudia et al. *Gestão contemporânea de pessoas*. Porto Alegre: Bookman, 2010.

OHMAE, Kenich. *O novo palco da economia global*: desafios e oportunidades de um mundo sem fronteiras. Porto Alegre: Bookman, 2006.

OLIVIERI, Laura. A importância histórico-social das redes. *Rede de informações para o terceiro setor (Rits)*, 2003. Disponível em: <www.rits.org.br/redes>. Acesso em: ago. 2010.

PFEFFER, Jeffrey. Producting Sustainable Competitive Advantage through the Effective Management of People. *Academy of Management Executive*, v. 19, n. 4, p. 95-106, 2005.

POLITIS, John D. Transformational and transactional leadership enabling (disabing) knowledge acquisition of self-managed teams: the consequence for performance. *Leadership & Organization Development Journal*, v. 23, n. 3-4, p. 186-197, 2002.

PORTER, Michael R. *A vantagem competitiva das nações*. Rio de Janeiro: Campus, 1993.

PROBST, Gilbert; RAUB, Steffen; ROMHARDT, Kai. *Gestão do conhecimento*. Porto Alegre: Bookman, 2002.

QUICK, James C.; COOPER, Cary L.; QUICK, Jonathan D. *O executivo em harmonia*. São Paulo: Publifolha, 2003.

QUINN, Robert E. et al. *Competências gerenciais*. Rio de Janeiro: Elsevier, 2003.

REIS, Ana Maria Viegas; BECKER JR., Luiz Carlos; TONET, Helena; COSTA, Maria Eugenia Belezak. *Desenvolvimento de equipes*. 2. ed. Rio de Janeiro: FGV, 2009.

RENESCH, John. *Novas tradições nos negócios*: valores nobres e liderança no século XXI. São Paulo: Cultrix, 1996.

RICH, A. R.; SCHROEDER, H. E. Research Issues in Assertiveness Training. *Psychological Bulletin*, n. 83, p. 1081-1096, 1976.

ROBBINS, Stephen. *Fundamentos de administração*: conceitos essenciais e aplicações. São Paulo: Prentice Hall, 2004.

_____. *Comportamento organizacional*. São Paulo: Prentice Hall, 2006.

RODRIGUES, Denise Ferreira e outros. *Aspectos comportamentais da gestão de pessoas*. Rio de Janeiro: FGV, 2007.

ROGERS, E. M. *Diffusion of Innovations*. Nova York: The Free Press, 1995.

ROSEMBERG, Marc J. *E-learning*: Estrategies for Delivering Knowledge in the Digital Age. Nova York: McGraw Hill, 2001.

RUSSO, Simony Jara; VIANA, Jose Jair Soares; HALL, Rosemar José. *Remuneração variável*: uma ferramenta estratégica para as organizações. Resende, RJ: Associação Educacional Dom Bosco, 2009. Disponível em: <www.aedb.br/seget/artigos07/1162_1162>. Acesso em: 15 dez. 2011.

SARAH. Rede Sarah de Hospitais de Reabilitação. *Site oficial*, [s.d.]. Disponível em: <www.sarah.br/paginas/prevencao/po/A_rede_SARAH.pdf>. Acesso em: 14 maio 2011.

SATO, Carolina Tiemi. Gestão baseada em relações de confiança. *RAE eletrônica*, v. 2, n. 1, jan./jun. 2003.

SCHEIN, Edgar H. *Cultura organizacional e liderança*. São Paulo: Atlas, 2009.

SCHERMERHORN JR., John R.; HUNT, Jmes G.; OSBORN, Richard. *Fundamentos de comportamento organizacional*. Porto Alegre: Bookman, 2002.

SCHUMPETER, Joseph Alois. *Teoria do desenvolvimento econômico*: uma investigação sobre lucros, capital, crédito, juro e o ciclo econômico. São Paulo: Abril Cultural, 1982.

SCHUTZ, Will. *The Human Element*: Productivity, Self-Esteem and the Bottom Line. São Francisco: Jossey-Bass, 1994.

SENGE, Peter M. *A quinta disciplina*. São Paulo: Best Seller, 2009.

_____ et al. *Presença*: propósito humano e o campo do futuro. São Paulo: Cultrix, 2007.

_____ et al. *A revolução decisiva*. Rio de Janeiro: Elsevier, 2009.

SHELL, G. Richard. *Negociar é preciso*. São Paulo: Negócio, 2001.

SIQUEIRA, Marcus Vinícius S. *Gestão de pessoas e discurso organizacional*. Goiânia: Juruá, 2009.

SIQUEIRA, Mirlene Maria Matias. Esquema mental de reciprocidade e influências sobre a afetividade no trabalho. *Estudos de Psicologia*, v. 10, n. 1, p. 83-93, 2005.

SMIRCICH, Linda; MORGAN, Gareth. Leadership: The Management of Meaning. *The Journal of Applied Behavioral Science*, v. 18, n. 3, p. 257-273, 1982.

SOBRAl, Filipe; ALKETA, Peci. *Administração*: teoria e prática no contexto brasileiro. São Paulo: Prentice Hall, 2008.

STARKEY, K. *Como as organizações aprendem*. São Paulo: Futura, 1997.

STEPANSKI, I. *Sondagem sobre a satisfação com experiência internacional*. Iser Consultoria e Eventos [s.d.]. Disponível em: <http//www.iserconsultoria.com.br>. Acesso em: 8 set. 2010.

STEWART, Thomas A. *Capital intelectual*. Rio de Janeiro: Campus, 1998.

STARKEY, K. *Como as organizações aprendem*. São Paulo: Futura, 1997.

TANURE, Betânia; EVANS, Paul; PUCIK, Vladimir. *A gestão de pessoas no Brasil*: virtudes e pecados capitais. Rio de janeiro: Campus, 2007.

TAPSCOTT, Don; TICOLL, David. *A empresa transparente*. São Paulo: Makron Books, 2005.

TAVARES, Maurício. *Comunicação empresarial e planos de comunicação*: integrando teoria e prática. São Paulo: Atlas, 2010.

TEIXEIRA, Luiz Antonio Antunes; SILVA, Jersone Tasso Moreira; LESSA, Luciana Cristine de Carvalho. Executivos brasileiros expatriados:

percepções da nova função e influência da distância psíquica. *Redes*, v. 16, n. 1, p. 19-38, jan./abr. 2011. Disponível em: <www.sumarios. org/resumo/>. Acesso em: 20 dez. 2011.

TERRA, José Cláudio Cyrineu. *Gestão do conhecimento*: o grande desafio empresarial. São Paulo: Negócio, 2007.

TOLDO, Luciana A.; GONÇALVES NETO, Cesar; RODRIGUES, Mônica E. Adoção de estratégias de inovação: um estudo em empresas de software do Estado do Rio de Janeiro. In: ENCONTRO ANUAL DA ANPAD, 31., 2007, Rio de Janeiro. *Anais...* Rio de Janeiro: Anpad, 2007.

TOLFO, Suzana da Rosa. A liderança: da teoria dos traços ao coach. In: BITENCOURT, Claudia. *Gestão contemporânea de pessoas*. Porto Alegre: Bookman, 2010.

TONET, Celso Luiz Jr. *O sentido e a natureza do trabalho de atendimento em call centers*: uma análise do discurso organizacional e a percepção de seus operadores de atendimento. Dissertação (Mestrado) – Universidade de Brasília, Brasília, DF, UnB, 2006.

TONET, Helena C. *Compartilhamento de conhecimento no trabalho*: o impacto das atitudes e da cultura organizacional. Tese (Doutorado) – Universidade de Brasília, Brasília, DF, UnB, 2005.

TRACEY, J. B.; HINKIN, T. R. Transformational Leadership or Effective Managerial Practices? *Group & Organizational Management*, v. 23, n. 3, p. 220-236, 1998.

VARGAS, Miramar Ramos. Treinamento e desenvolvimento: reflexão sobre seus métodos. *Revista de Administração*, São Paulo, v. 31, n. 2, p. 126-136, abr./jun 1996.

VERGARA, Sylvia C. *Gestão de pessoas*. 10. ed. Rio de Janeiro: Atlas, 2011.

VON KROGH, G.; ICHIJO, K.; NONAKA, I. *Facilitando a criação do conhecimento*: reinventando a empresa com o poder da inovação contínua. Rio de Janeiro: Campus, 2001.

XAVIER, Paulo Roberto; SILVA, Mateus de Oliveira; NAKAHARA, Julio Massaaki. *Remuneração variável*: quando os resultados falam mais alto. São Paulo: Makron Books, 1999.

WOOD JR., Thomaz (Org.). *Mudança organizacional*. São Paulo: Atlas, 2000.

_____; PICARELLI FILHO, Vicente. *Remuneração estratégica*: a nova vantagem competitiva. São Paulo: Atlas, 2004.

ZANELLI, José C.; BORGES-ANDRADE, Jairo E.; BASTOS, Antonio Virgílio B. *Psicologia, organizações e trabalho no Brasil*. Porto Alegre: Artmed, 2004.

ZARIFIAN, Philippe. *Objetivo competência*. São Paulo: Atlas, 2001.

# Os autores

## Helena Correa Tonet

Doutora em Psicologia e mestre em Administração pela Universidade de Brasília. Especialista em Psicopedagogia pela Universidade Federal do Rio de Janeiro. Especialista em Educação Continuada e a Distância e em Avaliação de Instituições de Ensino e de Docentes pela Universidade de Brasília. Graduada em Comunicação pela Faculdade de Filosofia Ciências e Letras de Santos e em Administração Pública e de Empresas pela Associação de Ensino Unificado do Distrito Federal. Consultora de empresas. Professora convidada do FGV Management.

## Francisco Rage Bittencourt

Mestre em Gestão Empresarial pela FGV/Ebape. Pós-graduado *lato sensu* em Administração de Recursos Humanos pelo Instituto de Administração e Gerência da PUC. Pós-graduado *lato sensu* em Engenharia da Produção e Agronegócio pela UFSC. Graduado em Administração pela Faculdade de Administração

M. Magalhães Pinto. Consultor organizacional. Possui obras publicadas na área de gestão e desenvolvimento de recursos humanos. Coautor do livro *Cargos, carreiras e remuneração* e colaborador do livro *Gestão de projetos e o fator humano*. Professor convidado do FGV Management.

## Maria Eugênia Belczak Costa

Doutora em Educação pela Peabody College of Vanderbilt University. Mestre em Educação Especial pela University of Iowa (Iowa City, USA) e graduada em Filosofia Pura pela Universidade Federal do Paraná. Consultora de empresas públicas e privadas. Consultora certificada pela Marcondes e Associados para a condução do seminário "The Human Element de Will Schutz". Coach certificada pela Newfield (Chile). Possui obras publicadas nas áreas de desenvolvimento de equipes, gestão de pessoas e pesquisa qualitativa. Professora convidada do FGV Management.

## Viviane Narducci Ferraz

Mestre em Administração Pública pela Ebape/FGV. Especialista em Análise de Sistemas e em Gestão Empresarial pela PUC-Rio. Graduada em Administração pela Faspa-RJ e doutoranda em Administração de Empresas pela Ebape/FGV. Ocupou cargos executivos na área pública. Consultora em gestão de pessoas da FGV Projetos e professora convidada do FGV Management.

Este livro foi impresso nas oficinas gráficas da Editora Vozes Ltda.,
Rua Frei Luís, 100 – Petrópolis, RJ.